U0644937

服饰汇

孙孟英◎编著

影记沪上

1843

……………………

1949

生活·讀書·新知 三联书店

图书在版编目(CIP)数据

服饰汇/孙孟英编著. —北京：生活·读书·新知三联书店，2018.1
(影记沪上：1843—1949)
ISBN 978-7-108-06145-4

Ⅰ.①服… Ⅱ.①孙… Ⅲ.①服饰-上海-民国-图集
Ⅳ.①K892.23-64

中国版本图书馆 CIP 数据核字(2017)第 279320 号

责任编辑 赵 炬 王婧娅
封面设计 储 平
责任印制 黄雪明
出版发行 生活·讀書·新知 三联书店
(北京市东城区美术馆东街 22 号)
邮 编 100010
印 刷 常熟文化印刷有限公司
排 版 南京前锦排版服务有限公司
版 次 2018 年 1 月第 1 版
2018 年 1 月第 1 次印刷
开 本 650 毫米×900 毫米 1/16 印张 12
字 数 118 千字
定 价 28.00 元

序

上海是中国近代服装行业最发达的城市，曾被人称为“东方巴黎”“时装之都”，在很长一段时期内一直引领时尚新潮流，是中国最早与欧美服装业发达国家紧密接轨的城市。

笔者从 20 世纪 70 年代中后期就在上海市中心从事商业服务工作，在“中华第一街”南京路上工作了 40 余年，并于 80 年代中期脱产专门从事编志工作，编写了《黄浦区服务志》和《黄浦区商业志》，通过五年多寻找、查阅上海服装行业发展的宝贵历史资料和采访一些民国时期著名服装公司的老板或其家人、资方代理人、老员工，得到了许许多多鲜为人知的珍贵文字和口述资料，为撰写《服饰汇》一书积累了丰富翔实的素材。

1843 年上海开埠后，西方人开始涌入。是他们把时尚的穿着打扮带到了上海：西装、晚礼服、西式套裙、翻毛大衣、领带、领结、礼帽、头花……他们在上海开商店售卖西式服装成衣，并承接定做。上海的时尚潮流与审美观在西风的劲吹下渐渐开始西化。

上海最早接受西式穿着打扮的是生活在租界内的青楼女子和女

性艺人。她们在晚清时期就敢于挣脱封建统治者对庶民穿着打扮的束缚，不再穿没有丝毫美感的宽大长裙，而是“去裙穿裤”，穿起了紧身合体、能展示身材曲线之美的服装，引领了时尚潮流。到了20世纪二三十年代，随着上海电影业的不断发展和兴盛，银幕上美女电影明星新潮的穿着打扮成了又一波新潮流，她们的风格更加浪漫、奔放、大气、西化，是那个年代里的摩登一族，对上海服装行业的发展起到了推动作用。

读者从书中不仅可以了解上海服装行业的演变与发展，了解服装企业的开拓与创新，了解服装款式的变化与改进，更能感受到那个年代上海的别样美感。此外，书中还配有100余张晚清至民国时期的照片，这些经典的老照片记录了不同年代上海服饰的风貌与特点，具有很强的视觉冲击力，读者可从照片中领略服饰业百年商海的兴衰沉浮，更能欣赏到上海的服装艺术之美。

孙孟英

2017年1月

目录

第一章 洋服初现上海滩

『奇装异服』西人来

华人裁缝转行多

洋人婚礼夺眼球

满人入关后，清王朝曾推行“剃发易服”。顺治九年（1652年），钦定《服色肩舆条例》颁行，从此明朝的冠冕、礼服被全面禁止，明代男子那种蓄发绾髻、着宽松衣、穿长筒袜及浅面鞋的装束，改为剃发留辫，穿修身的马蹄袖箭衣、紧袜、深筒鞋。汉族妇女必须穿小袖衣和长裙。到了晚清时期，上海的一些妇女开始去裙穿裤，衣服款式也有了变化，镶花边、滚牙子等工艺为服装增添了美感。而一些早期出洋的官宦之家的男子也开始偷偷在一些交际场所穿上了西装，展示出男人的英俊之美。

然而，真正把西式服装带到上海的还是洋人。

“奇装异服”西人来

在上海开埠前，中国人很少见到洋人，特别是普通百姓几乎不知世界上还有同中国人长得不一样的黄头发、白皮肤、蓝眼睛、高鼻子的西方人。1843年上海开埠后，洋人开始涌入上海滩，孤陋寡闻的国人一下惊呆了。他们尤其看不懂洋人男女的穿着打扮，但又觉得这些“奇装异服”非常漂亮。

繁复优雅的西式女装

西服肖像照稳重大方

高贵典雅的西式礼服

西服尽显绅士风范

身穿清代服饰的洋人一家

那时来到上海的洋人以英国人、美国人居多。男士们冬天身穿西式大翻领的呢大衣，头戴大绒帽，脚蹬高筒皮靴，气宇轩昂，使那些身穿土气大棉袄的中国人相形见绌。春季，他们穿上了各种漂亮的西装，内搭白色衬衣，戴着红色、黑色、紫色的领结或领带，脚蹬皮鞋，头戴礼帽，那种高贵典雅的气质，让闭塞的国人开了眼界。夏季，他们单穿白色衬衣，下着紧身的西装短裤，手拿拐杖，头戴凉帽，脚上的凉鞋花式繁复，这样的打扮让身穿粗布衣的国人羡慕其轻便、凉爽。外国女人一年四季的各种穿着打扮更是迷人，如冬天的翻毛长大衣，春秋时节的西装、套裙、晚礼服，夏天的西式裙裤，对国人都是一种"视觉挑战"。当时曾有人这样写道："洋人奇异之穿戴，使人艳如花，娇之悦目也。"

早期来到上海的西方人的穿着打扮，确实使国人看到了西式服装与中式服装、洋人与华人的审美之间的巨大落差。外滩，是西方人在上海最早的落脚之地，也是上海人最早同洋人接触的地方，更是国人最早欣赏到洋人"时装表演"的地方。

华人裁缝转行多

上海开埠后，外国领事馆、洋人办事机构、洋人商行等纷纷涌入，洋人的在华掠夺，从商品输出变为办实体企业的资本输出——搞航运、开银行、办工厂、建铁路、造船舶、开洋行。在这些行业工作的高级职员及富家子弟先后穿起洋服，使上海出现一股洋服热。

华人裁缝转行生产时装

热火朝天的服装生产

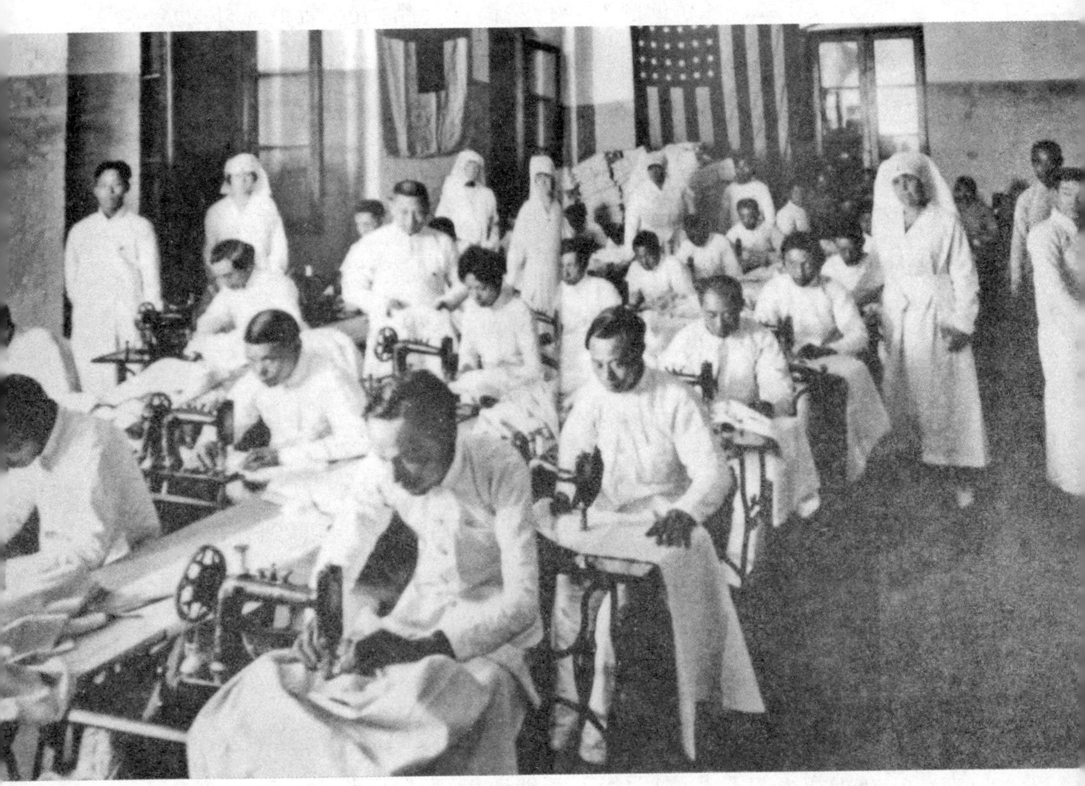

洋人的服装企业

1843年，上海最早经营西服的企业开设于抛球场（今南京路与河南路路口），是英国商人爱德华·霍尔的福利公司。他在经营食品、洋杂货的同时销售西服、马甲、长裤、零剪法兰绒等纺织品。1844年，开设于二洋泾桥的隆泰洋行除销售食品、五金等商品外，也经营各类服装，包括西服、童装、颈项缎带以及各种纺织品，成为一家多种经营的洋行，消费者大多是洋人。

1862年，外商宜丰（服装及成衣）公司在福州路江西路路口开业，这是上海最早的西式服装店。为了适应当时的潮流，在竞争中不落下风，上海的一些本帮裁缝（即中式裁缝）便停做长袍、马褂、对襟衣，纷纷开始学做洋服，专替洋人服务，业内称其为“番帮师傅”，亦称“红帮裁缝”。

当时一些外侨居所和洋行大多在外滩一带，由于中外贸易不断扩大，洋人日增，一些中式裁缝到码头上专为洋人修补洋服，在拆洗过程中逐渐学会了洋服的缝制技术，此后就拎了包裹到外轮上承接加工洋服的生意，当时称其为“拎包裁缝”（也称“落河师傅”）。由于为洋人修补洋服收入甚丰，日子一久，这些华人裁缝积蓄了一些钱，不少人就集资在外滩港口码头一带开设洋服店或设摊承接来料加工业务。由于那个时期真正在华做西式服装的洋人裁缝不多，满足不了在沪洋人的需求，因而华人裁缝改做西式服装很吃香，生意红火，收入也随之增多。

洋人婚礼夺眼球

洋人在外滩举办的室外婚礼，曾迷住不少观礼的国人。中国人把洋人的婚礼视作“西洋时装秀”，大开了眼界。

1868 年中秋前后，黄浦江边的外滩公园刚刚对外开放不久，就成了在沪洋人开展各类娱乐活动的最佳场所。当时怡和洋行一名高管的儿子和英国领事馆一位外交官的女儿要在上海举行婚礼，而此时的上海正是秋高气爽，最适合在户外举办各种活动。

某日下午，外滩出现了一群洋人。队伍的前面是三辆漂亮的敞开式马车，头车上坐着二男二女，分别是新郎新娘和男女傧相。新娘身穿洁白的礼服，头披有白色花朵的长长的白纱，手捧一束怒放的鲜花。她的脸上涂着胭脂，双眼皮上抹着粉红色的眼影，嘴唇上擦着口红，那神态、模样真如彩云间飘然而下的仙女，华美惊艳。而坐在新娘对面的新郎身穿黑色西装领燕尾服，内搭白色衬衣，领口处戴着黑色的领结，衬衣外面穿着一件黑色的马甲，头上戴着黑色礼帽，脚穿一双锃亮的黑皮鞋。另外两辆马车上的人和跟在马车后面的人也个个衣着正式。男士身着全套礼服，大气、俊美，尽显英国绅士的气派。女士有的身穿绣花翻襟紧腰身的白色晚礼服，手捧花束或手提花篮，头戴西式镶花的圆形大礼帽；有的身穿新颖别致的吊带晚礼服或白衬衣，胸前别着一朵鲜花，头戴一顶花帽。婚礼队伍中的小孩也打扮得非常漂亮，和成人一样一丝不苟，模样特别讨人喜欢。

西式婚礼服

外国军官的婚礼合影

婚礼上的小花童

洋人婚礼中的宾主合影

整个婚礼队伍庄重大方、衣冠华丽，在国人的眼里，仿佛是一场高档的服装秀，使身穿长袍、大棉袄的国人大开眼界。

当缓缓行至外滩公园附近的树林旁时，婚礼队伍停了下来。只见新郎挽着新娘的手小心地从马车上走下，参加婚礼的众人一下子朝新人簇拥过去，再次表示祝贺。片刻之后，众人开始自行排队站立，新郎新娘站在最前面，两边是男女傧相、父母及至亲，后面是其他参加婚礼的亲朋好友，这是要拍摄婚礼集体照。而这时周围已聚集了许多围观的华人，他们站在附近又说又笑地看着洋人们的所作所为，个个脸上都露出了惊奇的表情。当时有人看了这场婚礼后曾非常感慨地写道："洋人婚礼之奇特，与吾族之异样，洋人衣冠之娇丽，吾族差距之甚，华洋之风气则不可同日而语也。"

这些洋人的穿着打扮，确实展示出了西方人特有的品位，给那时的国人上了一堂"美学课"。

第二章

早期时装店

隆泰洋行销售时装

中国时装祖师赵春兰

时装业蓬勃发展

鼎盛的 30 年代

“时装”一词是外来语，约在1862年前后出现。这一词语是参照英国的“维新服装”而来，是“符合时代服装”的简称，“时”字亦为时尚、新潮之意。

隆泰洋行销售时装

上海是最早经营时装的城市，由洋人在英租界里开设买卖时装的业务。当时的华人根本不懂什么是“时装”，把洋人所穿的各类漂亮的服装都统称为“洋服”“洋衣”及“洋装”。洋人那种西式的时尚装扮与那时华人的穿着打扮风格迥异，不可同日而语。

上海开埠后，欧美洋人到上海经商离不开常规的“吃、穿、用”之需，精明的洋商开始涉足上海的服装生意。1844年，英国商人在二洋泾桥旁开设了一家“隆泰洋行”，主要销售格子花呢制成的女式西服，同时还有配套的制衣花边、腰带、面纱、礼帽、钢针及洋线等。这些货品全部来自英国，销售的服装在款式、面料等方面均属上乘。当时洋货的消费者主要是来沪的洋人女性，几乎无华人问津。

在那个闭关锁国的年代里，少见多怪的华人见到那些身穿漂亮

洋人女性的时装之美

洋行庆祝酒会上的洋商

华人身穿时装赴宴

礼服、头戴精美礼帽、手提精致西式皮包的洋人女性时，都会情不自禁地驻足观望，仿佛她们是“天外来客”。特别是到了夏天，当洋人女性身穿薄如蝉翼的白纱套裙露出部分胸颈的皮肤时，思想封建的国人更是感到不可思议，认为这种衣着伤风败俗，有失体面。

然而，随着时间的推移及来沪洋人女性的不断增多，各国女性不同风格的打扮纷纷“展示”于此，华人也就见怪不怪、逐渐适应了。

中国时装祖师赵春兰

从看不惯洋人女性的穿着打扮到爱穿时装，国人需要经历一个较长的时段，但是洋人女性所展示出的美丽，已开始渐渐印入国人脑海之中，这是由于人对于美的喜欢是一种与生俱来的本能。虽然清王朝对女性穿着打扮有许多严格的规定，但人们对美的追求是无法在人心中被禁锢的。

精明的商人看到了商机，及时捕捉市场发展动态，时装遂发展演变成一个新颖的产业。在那个年代的华人中也不乏精明的商人，被后人称为“中国时装祖师”的赵春兰就是其中之一。

赵春兰 1826 年出生在上海浦东川沙唐暮桥赵家宅的一个裁缝世家。他从小聪明好动，受父亲的耳濡目染，从 10 岁起就开始学习裁制缝纫衣服的技能。父亲时常向他强调学习本领的重要性，他记得最牢的一句话就是“荒时暴月饿不死手艺人”——这是一句至理名言，也是他父亲的“肺腑之言”。长大后的赵春兰确实子承父业，成为一名本帮裁缝师。随着上海开埠后经济的快速发展，来沪洋人女性增多，身穿洋装的华人也随之增多，赵春兰感到，时装行业定能成为上海的一种新兴产业，其潜在市场将会在一定时期内得到快速发展，国人身穿时装和追求时尚的热潮必将会到来。为此，他打算学做时装。

然而，华人要学裁制西式时装并非易事，它的裁剪方法、缝纫工艺同做传统的中式服装千差万别，是完全不同的两种风格和制作方式。在那个“教会徒弟饿死师傅”的社会里，谁愿白白教你技术？更何况华人中还没有一个会制作西式时装的师傅。为了尽早学到手艺，赵春兰就到洋人的教堂去做礼拜，并由此认识了一位叫拉杰的洋裁缝。这位信仰上帝的善良人收下了这位中国徒弟，时年赵春兰刚满 23 岁。赵春兰在跟洋裁缝学做时装的过程中深深地感受到了时装制作工艺的复杂、精妙，没有巧夺天工的本领和艺术修养是无法设计、制作出一件漂亮时装的。于是他为了提高自己的本领，又追随拉杰到英国进行三年的“留学深造”。经此，赵春兰的审美能力和设计制作技术得到了迅速提高，视野更加开阔。

赵春兰学成回国后，马不停蹄地在上海南市曲尺湾开设了一家专做女性时装的洋服铺。他做了多种不同颜色、不同款式、适合不同季节的时装陈列在橱窗和店堂里供消费者欣赏，这就是由华人开设的第一家时装铺。

赵春兰设计裁制的西式时装款式新颖、工艺考究，博得了在沪洋人的好评，不少在沪的领事官员和洋行老板家的夫人、小姐都找赵春兰定制时装，秋冬季节做女式风衣、西装、夹克，春夏季节做晚礼服、套裙、马甲、衬衣等。在成为赵春兰老顾客的那些洋人女性看来，他精巧的手艺比不少洋裁缝都要棒。

为了把裁制时装的技艺传授给更多人，促进上海服装业的发展，赵春兰在自己的家乡招收了不少徒弟，这些徒弟学成后大多自立门户，在上海各处开店，其中有的还远赴俄罗斯及南亚各国，促进了中国早期时装业的发展。

时装业蓬勃发展

上海时装业的发展有一个循序渐进的过程。从 19 世纪末到 20 世纪 20 年代初，上海时装业处于“拎包裹时代”，那时做时装的华人裁缝(时称“红帮裁缝”)由于经济实力较弱，没有能力自己投资开店，故只能靠拎包走街串巷，上门到客户家里裁剪制衣。这样不仅可以省去水、电、煤等各种开销，还有东家提供一日三餐，使得裁缝在付出劳力后获得的是净利润。有的裁缝为了省事，随身带一两个学徒当下手，自己不用给一分工资，这样一年下来收入颇丰。不少做时装的裁缝经过几年的原始积累后买房开起了服装店，使自己的生意越做越好，越做越大。

到了 20 年代中期，由于穿洋服被视作一种摩登和新潮，时装业出现了繁荣景象，时装店也开始增多。那时的时装店是以来料加工为主，就是顾客自己拿着购买的布料到服装店请裁缝量体裁衣，或是

时装风格的改良旗袍

时装全家福

风格华洋交杂的婚礼合影

时装结婚照

自己手拿画报或图片到时装店请裁缝按图定做。然而,随着市场和消费者需求的变化,一些时装店开始自己设计制作各种新款时装对外出售。

当时能独立设计、裁制的时装店大部分集中在王家沙同孚路(即现在的石门一路)一带,业务对象基本上是外侨或在洋行工作的华人高级职员及富有家庭中的时尚追随者。时装店为了满足顾客需求,还生产多种多样的刺绣内衣、晨衣、晚礼服,款式新潮,做工精细,深受海内外消费者的喜爱,有的还出口到加拿大、英国、法国和南洋一带。当时外侨有句话,到上海要到晏芝路(同孚路的外语名称)做几件精美漂亮的中国产衣裳,才是不虚此行。由此可见,洋人对同孚路的时装店相当认可,也说明那时上海的裁缝师傅技艺精湛,享誉国内外。

20 世纪 20 年代,上海公共租界里有一家云裳服装店,它面向中国女性经营,店主有一定的美术水平,设计出的各类服饰能结合中国民族传统工艺特点,采取镶、嵌、滚、切、绣、包、挖等工艺,制作出一批款式新颖的旗袍和中西结合的时装,在橱窗中陈列并标卖,一举赢得了消费者的倾心。当时的美女电影明星张织云在 1927 年被评为第一届电影皇后之后在上海滩名声大振,她是一个非常追求时尚和新潮的新女性,喜欢到云裳服装店定制或购买时装。而云裳服装店的老板是个非常精明的生意人,为了进一步打响企业的品牌,他专门为张织云量身定制了多款漂亮时装并免费赠送给她,希望张织云穿上云裳的新款时装后同意将照片陈列在店里的橱窗内。随着张织云身穿云裳时装拍出的各种造型的大尺寸照片放入橱窗，许许多多的爱美女性一下子被吸引了过来，使云裳的生意红红火火。再加之张织云的名字中也有一个“云”字，使云裳服装店的名气更大，仿佛二者已融为一体。

随着社会的进步，南京路上先后出现了先施、永安、新新、大新等百货公司以及汇中、沙逊、国际三大饭店，再加之福州路、湖北路一带旅馆、饭店增多，为了迎合社会需要，一些精明的商人纷纷开设时装商店，上海时装业再次获得了高速发展。

鼎盛的30年代

20世纪30年代，上海街头的服装商店星罗棋布。销售方式、服装风格、价位多种多样，任人挑选。

南京路一带集中着一些大型店铺，如专营西服的“南六户”和专营女装的“鸿翔”“造寸”“维也纳”等。这些企业资金雄厚，备料充沛，选料高档，做工精细，工价较高。它们的货源也各不相同，有的是自行采购的独家面料，有的是直接向洋行订货的进口面料，还有的是向批发商订购的成套高档面料。它们的服务对象都是一些华洋富商和阔太太，可以做到送货上门看样、量尺寸及谈价格，还可送样衣和成衣上门，服务十分周到。

四川路一带则集中了许多小规模的西服店。它们的主要经营方式以备料定制和来料加工为主，进货的主要渠道是向批发商开剪成

标新立异的抹胸裙

女明星白光身穿绑带抹胸连衣裙，艳光四射

款式新颖大方的西式连衣裙

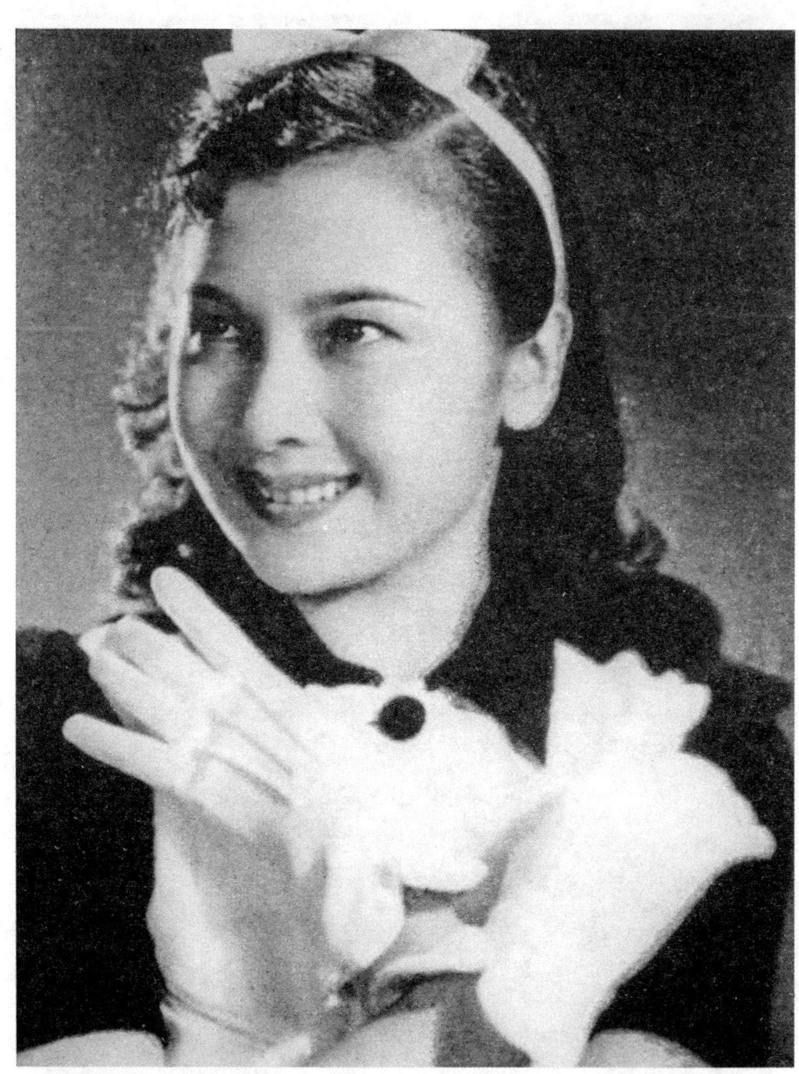

手套、发带都是时装的重要配饰

李旦旦秀美可人

套的高中档呢绒面料，进货数量虽然少，但是品种多，有高档精纺呢绒，也有低档粗纺呢绒，还可以打期票。因此，经营比较灵活，资金调整较快。

福州路湖北路一带服装商店比较集中，特别是福州路在当时还被称为“时装一条街”，消费对象是秦楼楚馆的姑娘、工作中需要穿着西装的普通职工和外地客人（因附近旅馆较多）。这里的店商备料以中低档面料为主，做工一般只求外表美观、挺括，交易时还可以讨价还价，对买主做到“三收三放”“三进三出”，以达到最后成交的目的。

20 世纪 30 年代，是上海最流行时装的年代。

第三章

华人西服大王

子承父业当裁缝

西服业兴旺繁荣

荣昌祥风靡十里洋场

散尽股份求发展

20世纪初，上海出了一位“华人西服大王”，他叫王才运，在上海最热闹繁华的南京东路与西藏中路交叉口（今地铁人民广场站）的黄金地段与人合作开设了八开间门面的荣昌祥呢绒洋服店。这是华人在公共租界开设的一家颇有规模的西服商店，是华商服装业的骄傲。

子承父业当裁缝

1880年，王才运出生于浙江奉化江口镇的一户贫民家庭。其父王滨谟是一位中式裁缝，因只做中式服装而生意清淡，难以维持生计。他于1885年东渡日本学做西式服装，并在学艺期间积蓄了一些钱。他1900年回国，在上海浙江路天津路路口的亿鑫里附近开设了一家王荣泰洋服店，做些加工业务。随着上海穿洋服的人渐多，服装店生意也算兴旺。但为了使服装店生意做大做强，父亲王滨谟希望王才运子承父业。机灵的王才运见来沪洋人渐增，西服业是一个新兴行业，大有发展前途，从事这一行业可以赚大钱，就答应父亲学习做西服的手艺。悟性高、接受快、动手能力强的王才运很快掌握了做西式服装的本领，当了三年学徒后就能独当一面，撑起了服装店。聪明能干的人总能得到别人的赏识，1904 年，时年 24 岁的王才运天降好运，得到了浙江慈溪潘瑞章的资助，与同乡王汝功、张理标合伙在南京路西藏路路口开设了荣昌祥呢绒洋服店。该店主要以售卖零剪呢绒和定制加工西服为主，一楼主要经营衬衫、皮鞋、领带、领夹等洋服附属品，二楼经营批发业务，内设工场，共有从业人员近百人，这在当时算是大企业了。开业后企业大多是通过怡和及孔士等洋行向英国、意大利厂商订购原材料。该店的主要消费对象是洋行高级职员、驻外使节及海归人员等。由于洋服店开在繁华地段，每天顾客盈门，生意越做越红火，再加之王才运有经营头脑和营销方法，荣昌祥很快成为南京路上的一家名优企业，独领风骚。

西服业兴旺繁荣

进入 20 世纪 20 年代，上海的西服业已经非常兴旺繁荣，有不少颇具规模的西服商店。其中，南京路上的“六大户”特别有名气，而四川路一带的中小型西服企业也如雨后春笋般发展起来。据 1925 年出版的《上海商业名录》记载，公共租界内共有呢绒西服商店 119 户，占全市 210 户的 56.7%（因当时“西服”与“时装”不分，此统计中可能包括时装店），西服业已形成一个自然独立的行业，不少西服店从原来的多种经营逐步转变为单一专业经营。那时定制的西服质量非常高，且款式多样。西服扣的类型有单排扣、双排扣，领头有平驳头、枪

影星刘琼(一)

影星刘琼(二)

影星刘琼(三)

西服款式新潮

驳头，款式有燕尾服、礼服；大衣有马裤呢大衣、西装大衣；工艺流派有英美派、犹太派、中国派（即海派）。不少西服店还从朝鲜、日本聘请来高级技师。那时南京路上的西服店特别注重做工精细、原料高档、款式新颖，但是，工价较高，做一件西服要七个人工，俗称“七工师傅”。其中还分为上装师傅（专做西服上衣、大衣）和下身师傅（专做西裤、马甲）。四川中路上的西服店雇的中档师傅，一般是“五工师傅”。那时的西服店都各有特色，打出了自己的品牌。

如王才运系的王兴昌西服店，特别能把握市场动态。当时马裤呢西式大衣在国内十分流行，王兴昌就推出了此款定制。由于王兴昌做工考究，面料采用优质的德国孔士牌马裤呢，以全黑炭为里衬，挖耳朵里袋，没有拼接的全褂面丝流笔直，款式新颖，从而受到广大顾客的青睐。那时只要是王兴昌牌的马裤呢大衣，在典当铺里可以多当五元钱，这就是品牌效应。此外，不同档次的西服店主要消费对象也各有不同。如南京路上的西服商店消费对象大部分是官僚买办和富商子弟，四川中路上的西服店消费对象大部分是后马路（当时外滩称前马路，四川路称后马路）上的银行、洋行高级职员。

到了30年代，上海的西服业进入了最鼎盛时期，穿西服的人越来越多，公共租界的湖北路、福州路、四川路及福建路上布满了各类大中小型及高中低档的西服店或西服商行，这四条街因而被人称作“四大西服街”。

荣昌祥风靡十里洋场

常言道:“分久必合,合久必分。”随着王才运与人合股开设的荣昌祥呢绒洋服店生意不断兴旺,企业更需要发展和壮大,但各股东的利益诉求不尽相同,特别是彼此之间的经营理念出现了分歧,拆股分家是解决纠纷的最好办法。1916 年,王才运同他的另两位同乡股东分道扬镳,荣昌祥呢绒洋服店变成了他的独资企业,他可以更加放开手脚拓展市场了。

独资后的荣昌祥呢绒洋服店经过王才运的再次注资,资产达到

华人身穿西装参加舞会

了10万银圆，是那个年代南京路上最大、最著名、最专业的西服店。王才运非常善于经营管理，他把商店改成了西服专营店，聘请手艺好的西服大师为顾客量体裁制。王才运对西服的制作流程首先提出了“量、算、试、设、裁、缝”六项制衣程序，使荣昌祥的每件西服都精细、合身、大气，堪称精品。

王才运在经营西服生意的过程中特别讲究因地制宜，不生搬硬套洋人的西装款式。那时洋人所穿的西服多是大领和宽松款，这是由于欧美人普遍长得人高马大，穿起这样的款式显得十分大气。而华人较为纤瘦，并不适合洋人制作的西装。为此，王才运亲自设计和制作了富有中国特色的小翻领西装，缩身瘦腰，细袖口，这样的西装穿在华人的身上才显得合身有样。荣昌祥呢绒洋服店推出的这种“中国特色”的西服深受消费者青睐，一些赶时髦的高档客户纷纷到荣昌祥定制或购买成衣。由此，王才运和荣昌祥的名声在上海滩家喻户晓，尽人皆知。

王才运为了进一步扩大业务量和经营品种，专门推出了西式婚礼服装三件套，即定制男子西装、衬衫、马甲，女士礼服及套裙等，使荣昌祥成为当时最受国人欢迎的西服商店，也成为十里洋场上的特色西服商店。

散尽股份求发展

“西服大王”王才运是一个非常恋家思乡之人，他为了发展上海的西服行业，从老家奉化江口镇招来聪明能干的亲朋好友的子女到他的企业中当学徒，而这些学徒大多是他王姓家族中的晚辈，他要让这些晚辈把华人的西服行业做大做强，使王姓的产业后继有人而立于不败之地。

王才运在培养他的那些徒弟时特别有想法，他亲切地以长辈的身份对他们认真培养、严格要求，除了亲自传授精制西服的技能及业务知识外，还在业余时间花钱聘请教师授之国文、外语、珠算、账册等实用性知识，提高了徒弟们的综合文化水平与能力，使他们能为将来的企业发展独当一面。此外，王才运还有一个严格的规定，凡是进店做学徒，都必须先在工场学艺，学会缝制西服的基本知识和手艺，再视学艺期间的表现，安排适合个人专长的工作。因此，荣昌祥的学徒不仅技艺精，而且在经营上都有一套过硬本领，为发展西服业打下了扎实的基础。

1919年，"西服大王"王才运被同行推举为上海市南京路商界联合会会长。因怕自己工作更加忙碌，不能专心管理企业，同时又为了把荣昌祥及上海的西服行业进一步做大做强，他毅然把自己的企业交给他聪明能干的外甥女婿、徒弟王宏卿经营，并把多年苦心经营的大部分资产以分红的形式分给追随他多年的徒弟们，从而使大部分徒弟自立门户，使上海又增加了不少专业西服商店。那时的闹市中心西服店林立，南京路有王才兴与王和兴二兄弟开设的王兴昌，王辅庆开设的王顺泰，王廉芳开设的裕昌祥，王丰富、王丰来开设的王荣康，王士东、周水升开设的汇利等西服店，后合称"南六大户"。另有王继陶开设的汇丰，王正甫、王介甫开设的洽昌祥，王增表开设的开林，孙永良开设的顺泰祥，都处于租界闹市中心，为繁荣上海的西服业起到了一定的促进作用。王宏卿接管荣昌祥后，秉承他师傅王才运的业务指导思想继续经营。由于王才运的徒弟都另立山头开设了专业西服商店，业内竞争随之激烈，但这也为西服行业的发展带来了勃勃生机。

此后，荣昌祥还衍生出很多第三代西服店，如王克敏的敏泰西服店、王五芳的大方西服店、王和生的伟勃西服店、孙德生的东兴西服店、邬荣富的英纶西服店（即今大集成第三分店）、罗朝维的天兴昌西服店。不少王家后代还在全国各地及港澳台等地区开设西服商店和工厂。因此，人称奉化是“西服之乡”。上海是奉化裁缝们的发家致富之地，而王才运则是西服行业的祖师。

第四章

制衣工艺与服装演变

西服设计制作之「四个功」

西服设计制作之「九个势」

西服设计制作之「十六字」

「三帮」「五派」各显神通

20世纪30年代，上海服装业非常兴旺发达，各种各样的新款服装如百花齐放不断被推向市场。那个年代的上海人特别爱打扮、赶新潮，把注重个人形象视为一种高品位、高档次的象征，那个年代被上海人称作“摩登时代”。上海著名服装企业德昌西服公司的著名“红帮裁缝大师”陈文华向作者详细讲述了30年代上海服装业的设计制作情况。

那个年代做西式服装的店很多，是因为市场需求，所以做西服的裁缝师傅很吃香，生意忙，赚钱多。那时在上海最有名的裁缝师傅是浙江的红帮裁缝，以做各种西服而闻名全国。红帮裁缝分成两大类，专做女式大衣、西装、夹克之类服装的被称为“硬货师傅”，也被叫作“黑货师傅”。专做内衣、衬衫、浴衣、晨衣、大菜衣及晚礼服之类服装的被称为“软货师傅”，也叫“白货师傅”。这只是裁缝师傅所做不同类型服装的“流派”区分和叫法。在30年代的西服行业中有一套严格的对操作流程和工艺制作的规定，总结归纳为“四个功”“九个势”及“十六个字”。

西服设计制作之"四个功"

西服设计制作的"四个功"为刀功、手功、车功、烫功。刀功即剪裁水平，还包括试样后的劈、刮、修正及定样。手功即在一些不能直接用缝纫机操作或用缝纫机操作达不到高质量要求的部位，运用手上功夫进行针缝，主要有板、串、甩、锁、钉、撬、扎、打、包、拱、勾、撩、碰、搀等 14 种手法。车功即操作缝纫机的水平，要达到直、圆、不裂、不皱、不拱。烫功即在服装不同部位运用推、归、拨、压等不同手法进行熨烫，使服装整齐、美观并适合顾客体形，即俗语所言"三分做工，七分烫功"。如一个人前胸挺胖，后背有背脊骨、腰节，这些部位都要靠烫功推、归、拨来解决：前胸中间要拨开，四周要归拢来，形成胖圆形；后脊背也要拨，在袖笼处要归拢，两个背脊骨都要推成胖圆形，总之，使服装适合于体形。整烫过程中还可以进行矫正和补救。如门襟、领角略有长短不齐，止口或丝绺稍有不顺，缝子稍有起壳、起吊等毛病，可以在熨烫中用拨、推、归、窝等方法解决，使服装外形达到挺括、整洁、饱满的要求。

上海服装业在设计制作服装中所创造出的这些特有的技艺操作是一种"创造之功"，这是上海几代服装大师通过刻苦钻研和实际操作总结出来的经验，汇聚了几代人的心血结晶。然而，这"四功"只是整个制作流程中的几道工序。

西服设计制作之“九个势”

裁缝师傅要设计制作好一件令顾客满意的西服，要经过多个流程和许多道大大小小的工艺。这是烦琐的细活，不但需要裁缝师傅有耐心、细心、韧心，还必须做到静心，特别是在量、剪、缝等过程中要小心地进行，稍有疏忽，就会出问题，从而造成经济与名誉上的双重损失。20 世纪 30 年代的红帮裁缝在长期的设计缝制实践中摸索出了各种工艺程序与技巧，如设计缝制西服中的“九个势”，即胁势、胖势、窝势、凹势、翘势、剩势、圆势、弯势、戤势。这“九个势”是每个技工必须掌握的技巧。如装袖笼山头必须做到圆顺，袖子要做得有弯势；装好后，背后要有戤势，使两手伸缩轻松；门襟子口要有窝势，不向外翘；前胸要有胖势，有挺括感；肩头要有剩势。所谓“量体裁衣”，就是要根据不同人的身高、胖瘦、围度进行剪裁，因而无法用机器来取代人工，这“九个势”就是必须由人工才能完成的工艺程序。

西服设计制作之“十六字”

上海红帮裁缝的技艺名扬四方，代表了上海服装行业在西服设计制作中的一个流派，他们在长期的工作实践中总结和摸索出了“十六字”的规格标准，即平、服、顺、直、圆、登、挺、满、薄、松、匀、软、活、轻、窝、戤。平，是指成衣的面、里、衬平坦不倾斜，门襟、背衩不搅不豁，无起伏。服，是指成衣不但要符合人体的尺寸大小，各部位的凹凸曲线也要与人体的凹凸曲线相一致，俗称“服帖”。顺，是指成衣的缝子、各部位的线条均与人的体形线条相吻合。直，是指成衣的各部位直线挺直无弯曲。圆，是指成衣各部位的连接线条都构成平滑圆弧。登，是指成衣穿在身上后，各部位的横线条（如胸围线、腰围线）均与地面平行。挺，是指成衣的各部位要挺括。满，是指成衣的前胸部位要丰满。薄，是指成衣的止口、驳头等部位要做得薄，能给人以飘逸、舒适的感觉。松，是指成衣不拉紧、不呆板。匀，是指成衣面、里、衬要统一均匀。软，是指成衣的衬头挺而不硬，有柔软感。活，是指成衣的各方面线条要灵巧活络，不使人感到呆滞。轻，是指成衣穿在身上使人感到轻松。窝，是指成衣的止口、领头、袋盖、背衩等部位都要有窝势。戤，是指成衣的宽舒度，主要在胸前和后背的袖笼处要有戤势，伸手时不扳紧，戤笼不皱。以上十六字，都是相互联系、统一在一件服装上的。女士服装还有镶色、嵌条、绲边、切图、绣花等工艺，使女装造型更优美。到 30 年代后期，上海西服款式的变化日新月异，服装款式趋向薄、轻、松、宽的特点。服装工艺也有了新的改进，过去习惯用传统的黑炭衬、马尾衬，比较挺硬。此后多采用黏合衬，使服装轻、松、薄、挺、软。

在这样一个摩登时代里，一名优秀的裁缝必须有精湛的手艺和高超的技能，才能在激烈的市场竞争中立于不败之地。

“三帮”“五派”各显神通

1919年五四运动之后，新文化运动随之展开，求新、求美、求特成为一种潮流。特别是20世纪20年代末，国民政府再次颁布了新的制服条例，普通百姓及官员平日的穿着可以自行选择，这使缺乏美感的传统服装受到了猛烈冲击。特别是在上海这样一个云集各国洋人的大都市里，人们的眼光早已西化，那种陈旧的长袍马褂及女性的大襟衫裤首先遭人遗弃。由此，上海穿西式洋装的华人越来越多，上海的服装业由此进入兴盛期，行业竞争也开始激烈起来。在激烈的竞争中出现了不少流派，并设计制作出了各种款式的服装。

当时上海曾出现服装技术工艺的“三帮”“五派”。专做西服、时装的为“红帮”；专做中式服饰的为“本帮”；专做布类制服的为“大帮”。专做男式西服的还分成“五派”。装高襻丁，以挺胸平服著称的被称作“罗宗派”；强调轻、软、舒的叫“英美派”（也称“欧洲派”）；讲究小件装饰、针脚精细叫“日本派”；表面挺括、内在一般的叫“犹太派”。吸取各派特点、全面讲究质量的叫“中国派”（也称“海派”），如培罗蒙西服公司就是吸取各派的特点，达到轻、松、软、挺、翘，是做工精细的“海派”西服代表。上海的这些服装流派各具风格，他们中的每一位能工巧匠都技艺独特，如八仙过海各显神通，给服装市场带来了活力和竞争力，促进了市场的繁荣和发展。那时上海市场上的服装如百花盛开，西服扣有单排扣、双排扣、一粒扣、两粒扣，领头有平驳头、枪驳头、倒脖领，口袋有开袋、贴袋，下摆有后开衩、摆缝衩。西服有大礼服、燕尾服，大衣有平笼袖、套裤笼袖，裤子有西裤、马裤、灯笼裤。在时装方面还有软货、硬货之分：软货有晚礼服、大菜衣、连衣裙、衬衫、睡衣，有的还采取镶、嵌、绣、滚、切、包、挖等多种工艺手法制成；硬货有各种款式的长短大衣、夹克、套裙，做工精细，都属半手工、半机械的传统精品工艺，很受华洋顾客的喜爱。衬衫品种除一般男女衬衫外，还有两用衬衫、香港衫、阿罗衫、绣花衬衫。领头有圆领、尖角领、方领、燕子领、青果领等等。裘皮类除了翻毛皮大衣外，主要品种有各类粗细毛皮统子，其款式有外套、男女长袍、旗袍、短袄、斗篷、披风等，此外还有皮统子及一些裘皮小商品（如狐皮围巾、獭皮领头）。无论外套还是长大衣，都用色彩鲜艳的绸面衬托，以显示商品的高贵华丽。

第五章 女性泳装热

洋人游泳大赛

倪红艳首穿泳装上封面

女明星掀起穿泳装热潮

女子游泳比赛

女性穿泳装有一种半裸露的迷人之感。在世界服装史的考证中，女式泳装出现于1862年的英国，它曾是当时英国贵族女性沐浴时所穿的“汗衫式”衣服。当时女性穿泳衣是为了露天沐浴时的方便——既能不暴露隐私部位，又能在大自然中充分享受沐浴的快乐。而上海是中国最早出现女性身穿泳衣的城市。

洋人游泳大赛

上海开埠后，随着欧美女性来到上海，她们把在本国浪漫与奔放的生活习惯也带了过来。游泳被她们视为一种避暑纳凉的娱乐和运动。

19世纪末的一个夏日，在沪的欧美国家领事馆组织了一次在沪外侨游泳比赛。比赛内容不仅有男子100、200米不同泳姿的项目，还增设了女子100米蛙泳，比赛的地点就在外滩黄浦江边。

下午2点，游泳比赛正式开始。此时的外滩已是人山人海，在江边，洋人与华人的喧闹声响成一片，当一个个身穿泳裤、半裸上身的男运动员跃入水中奋力拼搏时，震耳欲聋的中英文加油声响彻黄浦

身穿泳装的贵妇人

身穿泳装的洋人母女

女明星的泳装照

江两岸。然而，当轮到女运动员出场时，观看游泳比赛的华人观众突然一下子变得鸦雀无声，全都猛然踮起脚尖、瞪大眸子、屏住呼吸，同刚刚出现的那种人声鼎沸的场景形成了极大的反差。这是何故？原来女运动员们个个身穿紧身半裸的泳装，丰腴白嫩的肌肤全部暴露在外，上身在紧身泳衣的缠裹下显示了迷人的曲线，细细的腰肢、饱满的臀部、细长的双腿，凹凸有致，风情万种。这一下子让那些从未见过女性公开暴露肌体的华人看呆了。

这是近代上海华人第一次在公众场合欣赏到西方女性的人体之美，这便是女性身穿泳装的魅力所在。

倪红艳首穿泳装上封面

西方女性身穿泳装带来的性感与奔放之美，必然会在风气日益开放的上海新女性中得到回应。1919 年五四运动后，追求自我独立的“新生活浪潮”风起云涌，新风气下的年轻女性穿时装、烫西洋发型、演话剧已成为一种时尚潮流，特别是敢于挣脱衣着禁锢的女明星，带头引领时尚潮流，敢于大胆身穿暴露的泳装。

20 世纪 20 年代起，上海的游泳馆日渐增多，游泳的女性也开始增多。特别是一些受过西洋文化教育和思想影响的知识女性及从艺女性，思想大胆，不怕社会上“老夫子”们的挖苦和讽刺，敢于追求新潮流。20 年代中期，上海电影业进入了发展时期，从那时起女性开始解放思想投身演艺行业，基本结束了女性角色由男性“男扮女装”

首穿泳装的倪红艳

的传统做法。这些勇敢的新女性顶住了“好女不做戏子”的压力，公开演起了话剧，拍起了电影，还当上了戏中的主角。上海早期电影女演员倪红艳只在电影中扮演过几个角色，并非当时的红星，当她身穿泳装、头戴泳帽、臂夹雨伞、手握杂志的靓照刊登在当时的时尚杂志封面上时，不由引来一阵惊叹：“这个女人太大胆、太伤风败俗了。”这是当时封建保守者们的“惊叫”，在那些抱残守缺者眼里，这真是“人心不古，世风日下”，成何体统。但是人们爱美的心是不可阻挡的，这本杂志立刻被冲着美女泳装照而来的读者抢购一空，说明当时的人们对美是何等渴望。

名不见经传的倪红艳并没有在以后的影坛上走红，但因为她在那个年代大胆身穿暴露肌肤的泳装出现于媒体上而留下了浓墨重彩的一笔——时尚之都上海第一个公开穿泳装的美女。如今人们只要写到有关服饰发展的历史，特别是写到泳装方面时，都会提到倪红艳的大名，因为她真正引领了那个年代服装变化的新潮流，是那个年代新女性中的代表人物。

女明星掀起穿泳装热潮

随着西风的劲吹，到了 20 世纪 20 年代末 30 年代初，上海进入了摩登时代，女性衣着从总体上有了突破，穿泳装拍照片成为一种新潮流。尤其是当时的一些电影明星，都把穿泳装作为新女性的一种象征。

1927 年，美女电影明星张织云荣获“电影皇后”称号，一举成为上

李绮年泳装照

泳装照显身材

时尚的分体泳衣

新式泳装

沙滩留倩影

海滩上的大红人。上海的一些主要媒体争先恐后地采访她并希望能刊登她的美人照。当时的上海民新影片公司为了提高企业知名度，特意把与其签约的张织云带到江苏无锡太湖风景区，为张织云拍摄了一组泳装照。照片中的张织云身穿一件黑白相间的露臂泳装坐在太湖边的一块大石头上，她头戴印花泳帽，一手撑伞，一手做造型手势，裸露着双臂和双腿，富有强劲的视觉冲击力。当上海民新影片公司把这组张织云的泳装照做成明信片推向市场时，一下被抢购一空，这种性感的明信片特别能吸引当时的男性消费者，他们中不少人抢购张织云的泳装明信片并非是因为喜欢明信片，而是为了"一饱眼福"。

慢慢地，身穿泳装拍照的美女电影明星越来越多，明星穿泳装的主要目的是展示自己的身段美，从而争取名利双收。

当时南京路山东路路口有一家著名的沪江照相馆，以拍艺术肖像照为特色，该店老板姚国荣是一位留日海归派，他的拍照水平非常高，从20世纪20年代末到30年代末，几乎上海所有的美女电影明星的照片都出自他的镜头。当时许多著名影星如谈瑛、黎莉莉、陈云裳、陈玉梅、顾兰君和梁赛珍四姐妹等等都曾在沪江照相馆留下泳装美体艺术照。女明星们还让媒体把自己漂亮的泳装照登在报章杂志上博人眼球，以提高自己的知名度。还有一些电影公司为了宣传和赚钱，把女明星的泳装照做成各种套系明信片对外出售。由于女明星是引人关注的公众人物，她们的泳装明信片在市面上一"露脸"就会被影迷们纷纷抢购。

在电影女明星的引领下，上海一些"崇洋"的知识女性也大胆地身穿泳装到游泳池或海边游泳，她们为了留住自己的美丽，也不忘在游泳池边或沙滩上拍照留影。这在那个年代非常流行。南京路上著名的四大公司永安公司、西施公司、新新公司及大新公司都在店内设有专柜销售国内外生产的各种款式和色彩的女式泳装，生意很红火。

女子游泳比赛

20 世纪 30 年代，女性游泳运动员已经成为一股引领泳装潮流的强大力量，且她们的引领作用是在现实生活中进行动态的展示，而非女明星在照片中的静态展示。

1933 年 10 月，第五届全国运动会在南京举行。大赛组委会把女子游泳项目列入其中，这在全运会中尚属首次。把女子游泳项目列入正式比赛的消息一经报道，那真是一石激起千层浪。人们积极观赏女子游泳比赛，实际上是去一睹泳装女运动员的美丽风采。

从全运会女子游泳比赛的第一天起，游泳馆里每天都是人头攒动、座无虚席，特别是当一组组身穿各种露出四肢及胸口的紧身泳装的女运动员入场时，全场的观众都会站起身来，伸长脖子，目光锁定在她们身上。据统计，那届运动会最受喜爱和关注的比赛项目就是女子游泳比赛，从预赛、复赛直至决赛，几乎场场客满，且场馆内的气氛非常热闹。这就是女子游泳运动员身穿漂亮泳装所产生的无形吸引力和激发出的关注度。

夏天穿泳装游泳、拍照成为那个时代女性的一种新时尚。

普通市民的泳池留念

游泳比赛引发热潮

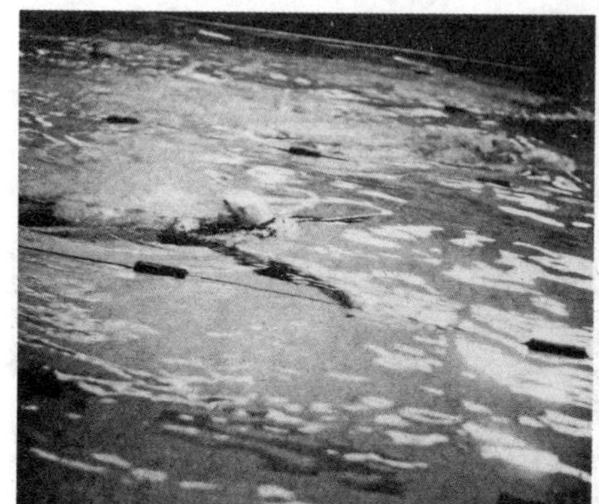

游泳比赛现场

泳池中的美女

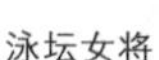

泳坛女将

第六章

青楼女子与女艺人引领潮流

传教士眼中的东方时尚

青楼女子当先锋

老照片定格风采

时尚弄潮儿

上海人有“爱面子”的传统习惯。晚清名绅葛元煦曾罗列上海人特别讲究“面子”的几个方面：一耻衣服不华美；二耻不乘肩舆；三耻狎幺二妓（妓女中，幺二较低等）；四耻肴馔之不贵；五耻坐只轮小车；六耻无顶戴；七耻观戏就末座。其中第一点就是衣服穿得不漂亮就会被人看不起。那时的人哪怕家里再穷，外出总要穿一件自以为漂亮的衣服，以示体面。

清朝时期，女性的爱美之心和自然之美被“易服”的铁律所压制，东方女性婀娜多姿的身材被烦琐肥大的衣衫所遮盖。民国才女张爱玲在她的《更衣记》一文中写道：“在满清三百年的统治下，女人竟没有什么时装可言！一代又一代的人穿着同样的衣服而不觉得厌烦……穿在外面的是‘大袄’。在非正式场合，宽了衣，便露出‘中袄’。‘中袄’里面有紧窄合身的‘小袄’，上床也不能脱去。”从中可以得知，那时的女子都是以宽大厚重的棉袄缠于身上，哪里还会有美感可言。

然而到了晚清，随着上海开埠，西方女性的时尚打扮亮相上海滩。有趣的是，国人中引领时尚潮流的女性并非是大户人家的阔太太或大小姐，而是清末民初生活在上海花街柳巷中的青楼女子及戏院舞台上的女艺人。她们敢于接受西洋女性时髦华丽的穿着打扮，敢于穿裸露四肢的衣裤，敢于穿紧身收腰的衣衫，显露自己美丽的身材。这在当时那个封建传统思想占主流的年代里实属“胆大妄为”。

在她们之后，上海的一些有留洋背景或与洋人打交道的达官贵人家庭中的女性也逐渐开始接受了西式的穿着打扮。

传教士眼中的东方时尚

清末有一位名叫赫尔森的美国传教士来到上海。他在热闹繁华的南京路上行走，发现街上商店林立，橱窗布置美轮美奂，一派欣欣向荣的景象。街上行人的穿着打扮也非常漂亮，他没有想到上海女性是这般时尚。赫尔森传教士看到了东方女性特有的优雅，专门用照相机为女性艺人拍照留影。他曾如此细致地描述过南京路上的女艺人：

> 一位男子双手推着一辆独轮车，车的两旁坐着五位年轻娇小的美丽女子。她们身穿漂亮的斜襟圆领宽松大袖上衣，下着宽松直筒裙，服装上绣着各种精致漂亮的图案，衣领与袖口镶有花边。她们的模样美艳如花，漂亮的脸蛋上涂了胭脂口红。有的拿二胡，有的拿琵琶，有的拿扇子，有的拿锣。由此可知这是一支戏班子人马，也就是中国人口中常说的戏子，靠唱堂会或街头卖唱、卖艺维持生活。她们为了引人关注，必须把自己打扮得花枝招展。

独轮车上的女艺人

民国初期的时尚女性

坐在汽车上的时髦女子

> 如同天仙一般的中国女子坐在马车上，不断在路上来往。她们所穿的衣服五颜六色，款式各异，精美大气，令人赏心悦目。上海确确实实是受欧风美雨的影响，最早受到西洋文化的冲击，因此上海女性艺人的思想最早开放，敢于突破传统思想的禁锢。

当然，无论是青楼女子还是女艺人，她们从自身的职业特点出发，也必须要把自己打扮漂亮。穿上时尚的服装，像西方女性一样展示迷人的曲线，这是招揽异性的一个"绝招"，有人捧场才会有收入。20 世纪初，原美国驻沪副领事、新闻记者怀特，是一位"上海通"，他写过不少介绍上海人文、政治及经济方面的文章。他就赞美那时上海的青楼女子和女性艺人打扮最为漂亮艳丽。当然这也是一种美丽风采的展示。

青楼女子当先锋

在上海闹市中心的四马路(今福州路)上，聚集着不少年轻的青楼女子。她们一到下午就在街上徘徊，个个身穿漂亮的衣裳，梳着好看的高髻发型，脸上抹着胭脂和白粉，身上散发出一阵阵扑鼻的芬芳。她们裸露肌肤，浓妆艳抹，招摇过市，就是为了给异性留出想入非非的空间，以此招揽客人。

青楼女子天天换新衣裳，年年变新花样。沪上竹枝词这样描写："衣，但羽盘来花异样；裙，假扣分均排亦怪；袜，足背花纹巧织成；

旗袍的包裹下是优美的身材曲线

鞋，皮底旗圆不染尘。”青楼女子还最先使用“蒸露水”等西洋化妆品，她们除了身穿西式风格的华丽服装外，还常戴金项链、珍珠项链、金表、胸针，手拎西式小方包，提小花伞。

爱美之心人皆有之。美是令人赏心悦目的，青楼女子求美，也会引领社会潮流。这种爱美的潮流一旦流行开来是无法被限制的，因为美产生了新奇，新奇更引发人们去追求美，所以时尚的打扮必然会引起人们浓厚的兴趣。

上海青楼女子也是最早开始穿旗袍的。她们大胆又喜欢标新立异，先穿斜襟高领绣花旗袍，随后开始穿斜襟低领旗袍，再后来开始穿低圆领旗袍，而且是越低越好，甚至露出全部的白嫩颈部。袖子的长度也不断变短，从过腕到露至肘部，再到无袖露肩。下摆开衩也由低到高。这些变化给人一种轻快、美艳之感，在异性眼中更有性感、飘逸的诱惑力。

老照片定格风采

当时四马路上有一家公泰照相馆专为青楼女子和卖艺女子拍照留影，从而留下了一张张她们的玉照。

这是晚清时期拍摄的一位年轻女艺人的照片，从照片上看她 18 岁上下，长得眉清目秀。她的穿着打扮已是非常时尚，不再是穿传统的宽松肥大的女装，而是参照西式晚礼服制作了窄瘦低圆领的斜襟衣服，使窈窕的身材被完美展示出来。衣服袖子中间镶有圈花，手腕

改良棉袄突破传统

晚清的年轻艺人

上戴着一对金银手链，左手拿着一把折叠扇和一块手绢。这种穿着在那个年代已是很前卫了。

这是一张拍摄于民国初期的艺术写真照。照片中的女子年轻美貌，穿着时尚，她上身穿一件修身窄袖斜襟元宝领的印花长棉袄，这件棉袄收腰、合体，把女子曼妙的身材充分展示了出来，既带有西式晚礼服束腰的特点，又有中式旗袍的特点。女子下身穿的虽然是棉裤，但裤管窄小，紧贴双腿。照片中女子头上插着鲜花，纤纤玉手拿着手绢，小脚穿着一双尖头黑鞋。这种娇媚可人的打扮，隔着时光仍让人有怦然心动之感。

时尚弄潮儿

美表现于形态，它包括“形美”与“意美”的统一。民国之初，西洋女性的时尚装扮已在上海形成了一种独特的风格。这是一张双人照，坐着的女子是照片的主角。她上身穿一件白色的小立领长风衣，这是一种西洋特色的直筒风衣，显得时尚又大气；下身穿一条白色的紧身小脚西裤，手拿打开的白色折扇，头戴两朵红花。她的打扮与表情结合了西洋的浪漫韵味与东方的端庄秀丽，十分优雅。

民国元年（1912 年）起，女性不但破除了缠小脚的陋习，还开始大胆改变自己的服装和穿戴，从而掀起了改革服装的新生活运动。1912 年 6 月，新成立的民国临时政府颁布了《服制草案》，提倡男子公服可采用西装，日常服装可选择中式长袍；女子服装也可以上衣下

秀丽双姝

裙，面料为绸缎，衣服上可以添加绣饰。当时不少女性艺人或青楼女子都纷纷穿起了紧身的西式上衣和马甲。这是一张拍摄于民国初期的双人照片，照片中站着的女子身穿西式改良白色紧身直筒长裙，结合了旗袍和长袍的样式，再在长裙外穿上紧身得体的超短小马甲，手拿一把折扇。这样的衣着给人一种简洁、典雅的美感。而坐在靠背椅上的是一位风流倜傥的男子，他身穿白色长袍，风度翩翩。这就是当时的一种浪漫"范"。

在清末民初这段时间里，花街柳巷中的青楼女子和演艺舞台上的卖艺女子引领了时尚潮流。她们打扮得花枝招展，彼此之间争妍斗美，从而推动了上海女性服装的西化和服装业的发展，成为那个年代的弄潮儿。

浪漫范儿

第七章

沪上裘皮业的兴衰沉浮

裘皮业的起伏发展

大集成皮货局

第一西比利亚皮货店

20 世纪二三十年代，上海曾出现过一阵裘皮大衣热。在那个年代，冬天能身穿一件漂亮的裘皮大衣走亲访友或现身于各种娱乐场所，是一种有钱人的标志，因为只有来沪洋人、大老板、贵妇人才买得起昂贵的裘皮大衣。当时有不少电影明星为了打扮自己和摆阔也纷纷购买裘皮大衣，以显示身价。

裘皮业的起伏发展

上海裘皮业肇始于清朝乾隆年间，当时浙江嘉兴城内有一家潘裕记绸庄，经营的业务是将绸缎运到北京、天津、济南等北方省市进行贩卖，返回时再带回一批皮货。随着上海开埠后商业渐渐繁荣，潘裕记绸庄于 1864 年在上海开设皮货店。当时生意非常不错，由此吸引了其他商人投资裘皮生意。上海南市小东门、四牌楼及学院路一带开设有王万兴、王万顺皮货店和乾发源皮货摊，它们的经营方式都是产销一体：自己采购，自己硝皮制成皮统子，供门市销售和业务批发。到了 19 世纪中叶，随着太平天国的建立和小刀会起义，国内战火四起，江浙地区的富商携带着珠宝和皮货向上海租界转移，在洋泾

翻毛皮大衣映佳人

风度翩翩的影帝金焰

身穿翻毛皮大衣的梅兰芳与胡蝶

浜北岸三茅阁桥一带设摊经营。英租界内的第一家皮货店是十六铺乾发源迁到抛球场附近(即河南中路九江路路口)的乾发源皮货局。由于乾发源生意兴隆,这一带又陆续开设了源生泰、郑祥泰、庄庆和、恒润泰等皮货局。到了1920年,随着天发祥、大集成皮货局开张,抛球场一带已形成裘皮业的集中地,主要货源有紫貂、海虎、美獭、猞猁等动物的皮毛。到了1930年,全市的皮货商发展到34户,其中专营女式翻毛大衣的五户、皮货批发商六户,裘皮业达到全盛。特别是随着美国好莱坞电影在上海的放映,男女明星身穿西式裘皮大衣的那种非凡气度,深深吸引了国人。中国的达官贵人、富商及明星也纷纷穿起了西式裘皮大衣,引领了时尚潮流,促进了裘皮业的发展与繁荣。

抗日战争爆发后,上海的裘皮业逐年衰落,生意萧条,大部分裘皮企业库存积压、资金周转困难,甚至有不少皮货商难以维持而歇业,将皮货低价转让。特别是战争期间,因生熟皮都被日伪控制,加上南北交通受阻,大部分批发代理行无法经营业务,最后只剩协公兴一家皮货代理行,严重影响皮货零售商经营业务。不少皮货店只得派人赴各产地设庄收购,再随身携带返沪销售。直至1945年抗战胜利,西北各省客户重新返沪,但和过去相比,不过是一成左右的规模。直至1949年前夕,只剩皮货批发商一户(协公兴),皮货零售商九户(大集成、天发祥、庆和祥、恒润祥、恒丰昌、源生态、庄祥顺、华懋、宝祥),洗皮店三户(德昌祥、大德祥、长源),驼毛店一户(华来驼毛厂)。

大集成皮货局

在上海提起大集成皮货局，喜欢穿皮装的人几乎都会赞叹一个“好”字，夸大集成的师傅巧夺天工。

大集成原是百年老店乾发源皮货局开设的分店。当时的乾发源股东之一、负责分管银根的毛逢知是一个非常有经商头脑的人，他发现目前企业人事臃肿、人浮于事，经营状况每况愈下，如此下去企业必死无疑，就向第一大股东李元章提议再开设一家独立核算的皮装分公司，以适应同行业竞争的需要，搞活企业营销，扩大企业规模。这个提议得到了大股东的支持，1928年乾发源集资3.6万两白银（每股白银1 000两，共36股），一半股份在经理、协理及高级职员手中，另一半是动用乾发源库存皮货作价入股。分公司取名为“大集成皮货局”，取“集腋成裘”之意，由毛逢知任经理。

新开张的大集成皮货局走出了一条独特的新路，推出了各种新款裘皮大衣，有短皮衣、长皮衣、西装领皮衣、大翻毛领皮衣等，这些新的款式在市场上很受消费者的青睐。特别是到了20世纪30年代中期，冬季穿裘皮大衣成为一种富有和时尚的象征。当时电影界的男女明星纷纷身穿由大集成定制的各种新款裘皮大衣，如金焰、袁丛美、胡蝶等都专门到大集成定制，从而使大集成名声大振，生意兴隆。

1938年，毛逢知改变了策略，为便于更合理地管理、调动人员和资金，经全体股东同意，乾发源并入大集成。当时的乾发源已是名存

紧身皮衣显风流

当红影星陈玉梅

实亡，但尚在裘皮业中有些声誉，毛逢知就利用这种优势，在店门口仍挂着两块招牌，以吸引顾客。

大集成皮货局主要供应各类貂皮、牛皮、羊皮、狐皮、猫皮等制成的长短男女马甲、翻毛领大衣，其中采用 60—70 只水貂皮加工成的女式裘皮大衣最为精美昂贵。同时，各类皮装的尺码、门类齐全，花色繁多，还有东北紫貂、大兴安岭灰鼠、奉天黄狼、西藏獭皮、贵州花猫、库车（新疆）紫羔、宁夏滩羊、张家口羔等极其罕见的毛皮品种，这些都是大集成皮货局备有的名贵极品，以适应高端消费者的需要。

大集成皮货局一贯采用自采、自产、自销的经营方式。每到春末夏初的生皮上市旺季，就根据市场的发展趋势和门市销售的需要，派懂业务、精核算、会讨价的专门人员赴产地坐庄收购，争收多品种、高质量的皮货，集中硝制、边产边销、陆续上柜，以销定进，经营灵活，保证多品种供应，满足消费者需求。

大集成皮货局内人才济济、高手如云，汇聚了各帮的皮毛技工，他们个个身怀绝技。北方技工对细毛生产经验丰富，技法独具一格，做工精细，用料节约，尽量少动刀、不动刀，在“挖”与“补”上狠下功夫。因此，做好的成品针绒丰满、皮板光洁、线缝紧密，质量好。南方师傅也有一手过硬本领：有的在开割原只珍品海虎时，会精心琢磨，采用传统的月亮刀、鱼鳞刀、扶梯刀，把整只海虎割成多种成品，既不伤料，又使毛面光滑平整，看不出刀痕，从而提高了产品价值；有的能把老虎和金钱豹的外皮装上头壳、补上眼睛，再经过精心挖补和缝制，使其显得威武雄壮、栩栩如生；还有的擅长做粗毛对割制翻皮大衣，特别是生产的黄狼串刀大衣，刀工精细、条纹清晰、色彩鲜艳。大集成皮货局的那么多高手，才是企业闻名上海滩的“独门绝技”。

第一西比利亚皮货店

静安寺路(今南京西路)的第一西比利亚皮货店在当时非常有名。该店的皮货以选料考究、做工精致、款式新颖、色彩艳丽而闻名上海滩。

第一西比利亚皮货店创始人名叫陈长华，从南京来沪学习硝皮与制作皮衣。聪明灵巧的他在专心学手艺的同时，还关注老板的生意经，同时关注皮货市场的行情变化。陈长华学徒满师后选择进入洋人的皮货店工作，业余时间也做些皮货生意的小买卖，从而积攒了一些钱，为将来自己开店做老板打下了基础。

随着上海皮货市场的日益兴盛，擅于捕捉市场商机的陈长华在靠近外滩的四川中路与宁波路路口开设了一家“陈长记皮货店”。新开的皮货店虽然店面不大，但是由于陈长华讲信誉、讲质量，赢得了消费者的好口碑，再加之皮货店地段好，外国人多，一时间生意兴旺，每天门庭若市，顾客纷纷慕名前往。当时由陈长记皮货店推出的新款女式黑色翻毛西装领皮大衣以挺括、华贵的风格风靡上海滩，由此使该店名声大振。

数年之后，老板陈长华体弱多病，无法再经营企业，他把陈长记

翻毛皮大衣显雍容

大毛领保暖又时尚

皮货店交由非常能干的长子陈金荪继承。陈金荪极擅经营，精明过人，对内任用具有管理才能的堂兄陈兆琦，对外重用擅长做洋人生意的石月涛，自己则忙于了解行情、拓展业务、开发新品种。

20世纪30年代中期，上海皮货业发展到了最鼎盛时期，同时也是市场竞争最为激烈的时候。不少在沪洋人纷纷在英法租界内开设皮货商店，其中，不少俄罗斯人和犹太人在当时还十分冷清的静安寺西路与西摩路（即现在的南京西路和陕西北路）附近开起了一家家裘皮店。这一带虽地处上海的西段，但那时还不算商业中心，有眼力的洋商看到此地段靠近高档住宅区，具有相当的经济潜力，皮货市场一定会兴隆起来。陈长记皮货店老板陈金荪也看到了这个地段优势，于是决定西移。他从一个俄罗斯人那里盘下了现在的“第一西比利亚”店面。因当时已有两家同名的皮货店（一家现在是泰昌食品店，一家紧挨着他的皮货店），为了与洋人竞争，陈金荪在店名前冠以“第一”，用“虎啸”（老虎蹲在地球上）作为商标，以示区别。这就是“第一西比利亚”店名的由来。他把“陈长记”的主要技术力量转到“第一西比利亚”，还聘用了一个经营皮货的内行俄罗斯人蒂也夫为经理。在陈金荪的精心筹划下，“第一西比利亚”不断推出新品皮装，闯出了新路，逐渐成为闻名遐迩的品牌裘皮商店。

第一西比利亚皮货店在当时推出了女子西装皮大衣、圆翻毛领女子短皮大衣、女子猎装皮大衣、女子大V字领长大衣等，还有黑色、白色、绿色及红色等各种颜色可供选择。其中的一件朱红色西装领翻毛裘皮大衣深受当时名媛们的喜欢，不少美女明星如胡蝶、黎莉莉、陈燕燕、王人美等纷纷到第一西比利亚皮货店购买或定制。张爱玲的《色戒》中的原型人物美女郑苹如，生前就喜欢穿第一西比利亚生产的皮大衣。1939 年，这位美女抗日英雄就把铲除汉奸丁默邨的行动选在了第一西比利亚皮货商店中。而后她就义时所穿的一件朱红色西装领长皮大衣也是在第一西比利亚皮货店购买的。

第八章

摩登时代的三大服装企业

鸿翔，旗袍倾佳丽

培罗门，绅士之选

朋街，大家闺秀所爱

在20世纪二三十年代的上海，时尚男女在穿着打扮方面逐渐西化，各类服装企业如雨后春笋般出现在上海滩。但真正的名牌服装企业都坐落于公共租界的南京路上，其中以鸿翔时装公司、培罗门西服公司及朋街女子服装商店最有名。这三家企业曾在那个花样年代里引领了上海服装行业的时尚新潮流。

鸿翔，旗袍倾佳丽

民国时期的鸿翔时装公司是沪上第一家国人开设的专做女子时装的商店，闻名遐迩。该店的老板叫金鸿翔。金老板从服装店开创之日起，就把企业的定位设在了“中西结合”的基础上，推出了自家独特的女子旗袍及西式裙装。该店在20世纪30年代设计出的“蝴蝶领旗袍”“弧圆领旗袍”及“高开衩圆襟领旗袍”等深受时髦女性的青睐，曾有不少社会名家为鸿翔题字送匾。

金鸿翔生于1895年，上海浦东南汇横沔人，父母是农民，家境贫寒。他13岁就到一家中式裁缝店当学徒，开始了裁缝生涯，由于其聪明好学，又善于动脑筋，很得师傅和师娘的喜欢。然而，为了进一

外出也要穿旗袍留念

旗袍与珍珠项链是经典搭配

旗袍端庄优雅

步提高做衣本领，特别是掌握做西式服装的新技能，金鸿翔三年满师后又到上海第一家西式裁缝店的老板张韵洲之子张鸣岐的店中学艺，很快便成为同辈中的佼佼者。后来他又去海参崴工作一段时间，大大提高了制作各种冬季厚呢大衣的能力。回沪后他到外国客人光顾较多的悦兴祥做裁缝，在工作中金鸿翔注意每个工序的生产流程和老板的经营管理方法，从而学到不少经营知识，手艺也更加成熟。他发现传统的裁缝摊、成衣铺已不能适应服装业的发展潮流，于是他在 1914 年凑钱租下静安寺路（今南京西路）张家花园的一家三开间平房铺面，开办自己的女式西服裁缝店。当时只有金鸿翔及其胞弟金仪翔和两个工人，两兄弟非常勤劳，每天起早贪黑地在店堂忙碌，做到精打细算、开源节流，使裁缝店的生意逐渐好起来。手头有了一定的积蓄后，为了扩大再生产，两兄弟决定对裁缝店进行重建，将原来的平房翻建成二层新式楼房，又于 1928 年盘进升发时装公司。翻修后店面扩大为五开间，职工增加到 20 多人，挂出了“鸿翔时装公司”的招牌，使企业走上了蓬勃发展的轨道。

在经营的过程中，金鸿翔非常注重服装设计，主打新颖的款式以招徕顾客。为了不断推出新的服装款式，金鸿翔时常到书报摊上购买国内外的各种书刊画报，从中吸收时装的设计制作元素，从而模仿设计出多种新款服装。此外，金鸿翔还把胞弟送到洋人设计师身边学习，并重金聘请犹太人设计师，力求鸿翔时装设计新颖、配色协调、做工精细，在造型、裁剪、缝制等方面都有自己的特色。

为了使企业在激烈的竞争中做强做大，在同行中立于不败之地，老板金鸿翔又做出了一个大胆的决定，要把店面开到上海市中心最热闹的黄金地段，进一步打响品牌。1932 年，鸿翔时装公司斥巨资在西藏路 703 号开设了一家具有一定规模的分店（后又迁至南京东路 750 号，即现今的鸿翔时装公司），成为一家集裁剪、设计、制作、缝纫于一体的一流女子西式服装公司。鸿翔在服务方面能做到根据顾客的体形特征、衣料性能和时装款式进行立体裁剪，做成的衣服合身贴体，不裂不吊，能久穿不走样。此外，鸿翔还对传统的中式旗袍加以改良，翻新式样，将镶、嵌、绣、滚等传统工艺运用得恰到好处。他们精制了六件款式新颖的旗袍送到芝加哥博览会展评，获得银质奖。

为了方便顾客、做活生意，鸿翔还承接来料加工，给很多愿意带料制衣的顾客带来了方便。还有代购衣料、备料定制、成衣销售等多种业务，满足了顾客的各种需求。在经营中，老板金鸿翔非常懂营销，利用店面所在的繁华热闹的地段，把自家的拳头产品陈列于橱窗内，起到了积极的宣传作用。

1934 年秋，鸿翔设计制作了一批非常精美的改良旗袍，款式十分新颖，照例出样陈列在店内的橱窗里。其中有一件蓝白相间、印有花朵的双襟无袖旗袍特别显眼，这件旗袍很快被一个当时尚无名气的方姓美女电影演员看中了，而那时她正在为婚礼服装犯愁。她走进鸿翔公司大门，让营业员把相中的旗袍拿来试穿。方小姐身穿旗袍走到大镜子前一照，不由面露喜色，旗袍非常合身，使她曲线毕露，显得更加妍丽妩媚，赢得了在场的所有营业员与顾客的一致称赞。不久，她身穿从鸿翔买来的旗袍举办婚礼，仿佛像从彩云间飘然下凡

黄柳霜的旗袍新颖别致

美女影星徐来

“南国乳燕”陈燕燕

的仙女，艳惊四座。而出席婚礼的亲朋好友中也有不少电影演员，其中就有那时已红遍上海滩的大美人胡蝶。胡蝶在婚礼上得知该新娘的旗袍是由鸿翔时装公司设计制作时，心里一阵兴奋，因为她第二年秋天也要举办婚礼。1935 年 11 月 23 日，“电影皇后”胡蝶与潘有声举行婚礼，在婚礼的酒宴上，当美丽的胡蝶穿上由鸿翔为她特制的绣有一百只蝴蝶的旗袍出现在众人眼前时，她倾国倾城的美貌迷住了在场的所有人，大家都情不自禁地发出惊叹和赞美。随后，当胡蝶身穿百蝶旗袍的造型被媒体登载之后，鸿翔时装公司一下子声名远扬，上海的名媛佳丽、贵妇阔太纷纷涌向鸿翔定制和购买各种旗袍。

鸿翔时装公司得到了当时各界社会名流的赞誉。那时的教育部部长蔡元培先生亲笔为商店题词“国货津梁”；1932—1935 年，宋庆龄曾称赞鸿翔时装公司“开革新之先河，符合妇女要求解放新潮流”，又题词“推陈出新，妙手天成；国货精华，经济干城”；1946 年，英国女王伊丽莎白二世举行婚礼，鸿翔时装公司精心制作了一套中式绣花礼服作为贺礼，后来英国领事馆还送来女王亲笔签名的谢柬。

培罗门，绅士之选

在申城，只要提到培罗门西服公司，几乎无人不知、无人不晓，凡是有品位的绅士都喜欢穿由培罗门定制的西装。培罗门早在 20 世纪二三十年代已是有名的西服公司，那个年代的许多政府要员、商贾巨富、电影明星都喜欢到培罗门定制西装，故培罗门有“西服王子”的美称。

20 世纪 20 年代，在欧风美雨的吹拂下，上海人的穿着打扮逐步西化，特别是一些在洋行工作的男士或海归派感到传统的中式服装既缺乏美感又土气，纷纷开始穿起西装，特别是出席有洋人举办的各种酒会、舞会时，西服成为男士的首选，西服业由此兴旺。有市场眼光的红帮裁缝大师许达昌 1928 年自筹资金在四川路上寻找门面独立开设了一家中型的西服店，取名“许达昌西服店”。西服店开业后，老板许达昌讲究质量和信誉，使顾客非常满意，这样一传十、十传百，西服店生意越来越兴旺。然而，随着业务量的增大，以老板一人为主的经营模式已无法满足顾客的需求。为了确保定制西服的质量，老板许达昌不惜高薪聘请当时被称作“四大名旦”的裁缝大师王阿福、沈雪海、鲍公海、庄志龙，这些技术与技艺各具特色的大师每人都能独当一面，西服店不但产量上去了，而且质量和档次又上了一个台阶。特别是在制作工艺方面更加讲究精细，仅面料熨烫覆衬这项工艺，就须冷却 24 小时以上，而辅料又须热缩和水缩两次，缝制一套西服全过程计达 60 小时左右，称得上做工考究，精益求精。当时老板许达昌有一个规定，凡顾客来店做衣服，必须先对其体形做仔细观察，量好尺寸后将体形特征画在订单上。在制作过程中，师傅们采用推、拨、归、结、沉等工艺，将平面衣片拼成立体的，扎成毛壳，反复在模特身上试样，发现不足之处立即要修改到位，以达到完美的效果。此后要再次给顾客试样，如还有不足之处再进行适当修改，直至完全舒适合身为止。

西服、领结、眼镜的经典搭配

美男子高占非

英气逼人的袁丛美

常言道，百人百样。个别顾客特殊的体形缺陷，需要通过衣着进行巧妙的弥补和矫正。肩胛塌的，把横肩开得小些；驼背的，座肩开得高些，后身裁得长一点；凸胸的，前身增长，后身缩短；身材瘦长的，把衣服放大一些；身材矮胖的，把衣服略做小点……通过一番精心设计，做出来的衣服平、直、挺，成为独树一帜的海派服装。

有这样一个传说。1930 年春，某家百货行的老板儿子要娶媳妇，但老板儿子是驼背，穿什么服装就成了烦心事。而且举办的是西式婚礼，新郎必须要穿西装。为此，老板就带着驼背的儿子找到了许达昌，希望为他儿子做一套合身的西装。许达昌二话不说，当场为驼背少年量体定制。由于对方的驼背是斜驼，故裁制成了一道难题，为了达到好的效果，许达昌经过一番冥思苦想，他让一个员工在背上塞一堆棉花，扮成驼背样，把定制成的毛样一次一次地在假驼背上试，直至达到满意的效果后再让驼背少年试样，果然非常合身。这件事一传十，十传百，起到了很好的广告效果，使许达昌西服店的生意更加红火。

随着西服店的生意日渐兴盛，原店面已满足不了消费者与市场的需要，老板许达昌决定使西服店再上一个台阶，扩大营业面积，把店铺搬到了繁华的闹市地段。1932 年许达昌西服店搬到南京路新世界楼上营业，1934 年又迁到新华电影院对面（现上海照相馆隔壁），并更名为培罗门西服公司（一年后移至黄金地段南京西路 284 号）。

培罗门的总体宗旨是培养有高超技艺的服装技师，竭诚为顾客服务。老板许达昌深深懂得要使企业成名，既要有高质量的原辅材料与服务，更要有一流的技术力量。特别是企业迁址到南京路上后，面对更大的竞争和更多的关注，更要不断推出新款服装和新的制衣工艺。培罗门在制衣时选用的是名优呢绒，辅料也一律选用优质产品。在制作过程中，通过推、拨、归、结、沉达到外形平、直、盛、挺，加上刀工、车工、烫工到位，经水缩、热缩确保衣服不壳不裂，使定制出的西服非常漂亮大气。培罗门在那时设计制作出的时尚西服新款有燕尾服、摩根礼服、大餐衣、弯刀领婚礼服、单双排扣西装等，其中双排扣西装特别受当时男士们的青睐。1935 年，上海举办第六届全国运动会，汪精卫等当时的政府要员都穿上了由培罗门为他们定制的西装，使他们在运动会的开幕式上出足了风头。

培罗门，引领了那个时代西服业的新潮流。

朋街，大家闺秀所爱

20 世纪 30 年代，出版发行的画报、杂志及各种图书中随处可见摩登女郎的倩影，那时的上海女性在生活、思想等方面都追求西化。那个年代上海的服装业极为繁荣兴旺，出现了不少专做和专营女性服装的商店，其中南京路上的朋街女子服装商店最为有名。

朋街创建于 1935 年，曾是上海小姐、太太及有钱艺人经常出入的地方，专门定制和售卖高档的女性西装、套裙、大衣、晚礼服、旗袍等，还在美国、日本及西欧国家的女性中享有一定声誉，不少西方女性来到上海都喜欢到朋街购买或定制一套甚至多套服装，这就是对朋街的信赖。

朋街女子服装商店的老板叫立西纳，是个德籍犹太人，他本人并不是裁缝出身，但对服装经营很有经验。他的店在德国时就是一家非常有名的时装商店，店铺设在德国汉堡一条名叫"BORG STREET"的街上，生意做得红红火火，专以销售各种漂亮的新款服装为主，并兼营批发业务，在当地颇有名望。到了20世纪30年代，犹太人遭到德国纳粹党人的迫害，聪明而有政治敏锐度的老板立西纳深感再拖下去定是在劫难逃。为此，他只能忍痛关闭了经营十多年的店铺，变卖家产，只身偷渡出境，从莱茵河边来到黄浦江畔，开始了他在异国他乡的新生活。立西纳来到繁华热闹的上海后，发现这个东方魔都里的女性穿着打扮非常时尚，认定做女子服装生意一定非常赚钱。就这样立西纳在在沪犹太同行的经济资助下，重操旧业。他找来几个懂时装设计和制作的同乡，招聘五六个中国裁缝，于1935年在南京东路61号2楼开设了一家专为外国女士服务的高级裁缝店。为招徕顾客和表示对家乡的思念，取"OLD BORG STREET"为店名，译成中文即"老朋街"。

立西纳开服装店的起点非常高，他对企业设计、制作与生产一年四季的服装提出了四点标准：春服要靓，夏服要爽，秋服要雅，冬服要艳。这样才能树立良好的信誉和企业形象，才能赢得顾客，才能在同行你死我活的白热化竞争中立于不败之地。立西纳狠抓质量，要求工人对每一件衣服都要精工细作，讲究服装款式的造型艺术，并推

大小姐们的合影

窈窕动人

美丽大方的大家闺秀

时装佳丽

姐妹花

出了“四求”规定：求新、求特、求美、求异。立西纳挑选工人十分严格，对于手艺好、技术精并有绝技或特长的师傅，不惜重金相聘，而不合要求的则坚决辞退。这样，在老朋街能留下的都是一些技术相当精湛的裁缝高手，如当时的余姜林、张新元、徐金龙、张杏三及宋长富、宋长庚兄弟等，他们在上海时装界都是很有名的大师，设计制作出了许多新款女装，为老朋街争得了声誉。

老朋街在制作时装的过程中，既保留了国外的传统工艺，又加入了镶、嵌、滚、镂、绣等我国的民族工艺，使时装成品更加精致。在裁剪风格上，有纯正的美、法等国服装的特点，特别是立体裁剪已达上乘。老朋街的产品特点是前片止口垂直，不搅不豁，下摆平服，翻卜领造型美观，两边大小对称，领头不斜，胸部挺括，臀部圆润，摆缝垂直不斜，下脚整齐成水平，后身背部平整，腰部适体，肩缝平整，袖子前圆后登。那时老朋街自产的美式、法式的夹克、大衣、天鹅绒晚礼服等在国内外都享有很高的声誉。

立西纳还借鉴欧洲盛行的时装展览方式，每年春秋二季举办流行时装发布会，推出欧洲最新流行的各种时装款式，并陈列于店堂内供顾客观赏，以此吸引当时在上海的各国时髦女郎，老朋街由此声名鹊起。

1940 年春末的一个下午，立西纳在自己的店堂内举办“老朋街服装商店春夏女子服装秀”，邀请上海的一些名媛佳丽走台做时装表演。其中专门邀请了 1939 年以拍摄电影《木兰从军》一炮而红的美女电影明星陈云裳，她在这场春夏服装秀的表演台上展示了一件黑

外搭格子大衣的陈云裳

色白点的无袖旗袍，旗袍为左右门襟，也称“双门襟”，而在服装的领口、袖口、门襟线边及左右双开衩边都镶有白边。这件旗袍贴身收腰，把陈云裳窈窕动人的身材完美展示了出来。当陈云裳身穿这件新款旗袍、身披黑白相间的单排扣西装领风衣、脚蹬白色高跟皮鞋亮相在观众眼前时，一下吸引了所有人的眼光。服装展示秀结束后，陈云裳还专门在附近的王开照相馆拍了一组旗袍艺术照。

1941 年，太平洋战争爆发，日军进入英租界，立西纳作为犹太人被关进集中营，原梅龙镇食府的业主李光斌出面代管老朋街业务。李代管后，将店名中的“OLD”去掉，“老朋街”正式改名为“朋街”。抗日战争胜利后，立西纳回到了朋街女子时装商店，但无心继续经营，尤其是反法西斯战争取得胜利，加深了他对家乡的思念，遂把朋街以5 400大洋出盘于领班张新元、张根桃叔侄，从此朋街成为华人经营的商店。

第九章

时尚浪潮阵阵来

戏服古装成时尚

大小姐造型优雅

洋人女性造型奔放

翻毛大衣风靡上海

20世纪二三十年代，上海因经济、文化兴盛，一跃成为远东一流的发达城市，更有“不夜城”“东方巴黎”的美称。上海女性在穿着打扮方面引领了时尚潮流，一会儿流行戏装、古装，一会儿流行西装裙、毛大衣。一波又一波的时尚新潮影响了全国各大城市。

戏服古装成时尚

民国时期，上海的戏剧业和电影业非常兴旺，市民们普遍喜欢观看京剧、昆剧、越剧、沪剧及电影，其中古装片电影特别受女性的青睐。那时的人们把看戏、看电影作为业余生活的一部分，当作一种精神享受，更有甚者还爱穿戏装和古装片电影中的服装，以此作为一种时尚，并纷纷到照相馆拍摄戏服、古装艺术照。

不同的戏剧，有不同的服装；反映不同朝代的古装电影，也有不同装束——这是一种文化背景的真实体现。仅京剧的服装就有很多种：长袍类有官衣、宫衣、富贵衣、箭衣、旗袍、斗篷、大坎肩、褶子、开氅、蟒袍、帔；短衣类有茶衣、水衣、罪衣、马褂、彩裤、抱衣抱裤、打衣打裤、快衣快裤；盔帽类有盔头、冠、巾、纱帽；等等。而古装按不同朝代

“贵妃醉酒”扮相

优雅的青衣美人

当一次“皇贵妃”

戏服美女

我见犹怜

和民族分也有唐装、汉服、胡服之分。这些服装丰富多彩、艳丽华美，女艺人、女明星们迥异于平日的扮相，自然而然地吸引了戏迷、影迷的追随与效仿。特别是梅兰芳的《贵妃醉酒》、言慧珠的《杨贵妃》、张翠红的《梁山伯与祝英台》、夏佩珍的《火烧红莲寺》、范雪朋的《江河情侠》、徐琴芳的《荒江女侠》及陈云裳的《木兰从军》等，各位主角的沉鱼落雁之容、闭月羞花之貌令人过目难忘，许多戏迷、影迷也紧跟着购戏服、做戏服、穿戏服。不少女性为了留住美丽的瞬间，纷纷到照相馆拍照留念。有的在拍照时模仿名伶和明星玉照上的动作和表情；有的一拍就是数十张或几组系列艺术照；还有的是男女二人身穿戏服或古装拍一组情侣照，而且拍照过程中的所有动作造型一律“戏剧化”，以此达到最佳的拍摄效果。他们把自己喜欢的打扮永久定格在了照片中，自我欣赏或做成明信片赠送给亲朋好友留念。

一位南京路上的老摄影师这样讲：“在30年代，拍摄戏剧照和古装照成为一种时尚，当时全上海大大小小的照相馆都推出了这一服务项目，有的照相馆还专门购置了戏服和古装，添置了这方面的配套道具，以满足消费者的需求。”

大小姐造型优雅

民国时期，有钱人家的姑娘都被称作大小姐，这一称呼还蕴含着高贵、时尚、有品位之意。当时上海的大小姐由于家庭背景和财力，在个人穿着打扮方面要求都很高，从那时留存下来的精美老照片中就可见一斑。

这是一组拍摄于20世纪30年代的经典老照片，照片上每一位年轻美貌的女子的穿着打扮都自成风格。如第一张照片上身穿白色西式礼服裙的大小姐，高高的领子如一片多角树叶，而礼服裙的下摆斜长拖地，富有立体感，整体造型新颖别致。

有的大小姐着重展示自己的身材美。第二张照片上的这位姑娘烫了一个漂亮的中长波浪式发型，身穿一件白色鱼尾裙，与其对应的上部分为荷叶边，裙子收腰，把她修长的身材展示了出来，使其形象靓丽无比。

有的大小姐为了体现自己的优雅，在穿着打扮上比较注重质感。第三张照片上的大小姐梳了一款中分波浪式发型，身穿一件西式套裙，袖口边与腰围处都裁剪出了连片的尖角，很有设计感，使这位大小姐显得文静又甜美。

有的大小姐喜欢穿性感一些的衣服。第四张照片上的大小姐烫了一个小波浪三七开发型，身穿一件白色的无领无袖长连衣裙，更像是一件晚礼服。她露着玉臂，微笑地坐在椅子上，展现了特有的优雅与矜持。

那时的大小姐虽然追求时尚，爱打扮、爱漂亮、爱生活，但是她们的穿着打扮更多的是讲究高雅、文静和大方。她们不会穿太暴露肌肤的服装或“奇装异服”，但也不喜欢穿传统的“大衣大裤”，这样会显

造型优雅的大小姐(一)

造型优雅的大小姐(二)

造型优雅的大小姐(三)

造型优雅的大小姐(四)

有位佳人，在水一方

得她们太土太落后。照片中的这些大小姐有的也戴耳环、项链、戒指、手镯，但她们的整体形象并不俗气。她们处处讲究得体，所以她们身上展现出的是大气的典雅之美。

洋人女性造型奔放

西方人最早把时尚的穿着打扮带到中国来。而20世纪30年代上海租界内更成了洋人的天下，那时，随处可见身穿漂亮服装的洋人女性行走在上海租界内的大街小巷。她们外出时都喜欢把自己精心装扮一下，身上喷些香水，以展示一种文明的生活习惯。

洋人女性的穿着打扮开放、大方。她们有的穿超短紧身连衣裙，外加一件薄薄的羊毛开衫，修长的大腿暴露在外；有的身穿白色束腰的短袖长裙，再在波浪式的发型上戴一顶白色的漂亮礼帽，显得自然大方；有的在夏天喜欢穿上超短的露脐短袖上衣，下着前面开衩的裙子，脚穿高跟凉皮鞋，这样的穿着凉快而又利索。

但从事歌舞、模特行业的年轻女郎则穿着打扮非常暴露，她们往往把暴露肌肤的穿着打扮视为一种个性美，更把这种吸引人眼球的穿着当作一种时髦。她们有的只穿一件极短的抹胸裙，裙子遮住胸部与下部，其他地方的肌肤全部赤裸；有的上身穿别致的长袖衬衣，下着超短裙，脚穿透明丝袜，整个大腿的肌肤全部外露；有的为了展示人体的线条美，身穿露背抹胸紧身衣。这些野性、奔放的穿着给人以强有力的媚惑感。如此把人体的起伏曲线展示得淋漓尽致，表现

造型奔放的洋人女子(一)

造型奔放的洋人女子(二)

造型奔放的洋人女子(三)

穿抹胸的洋人模特

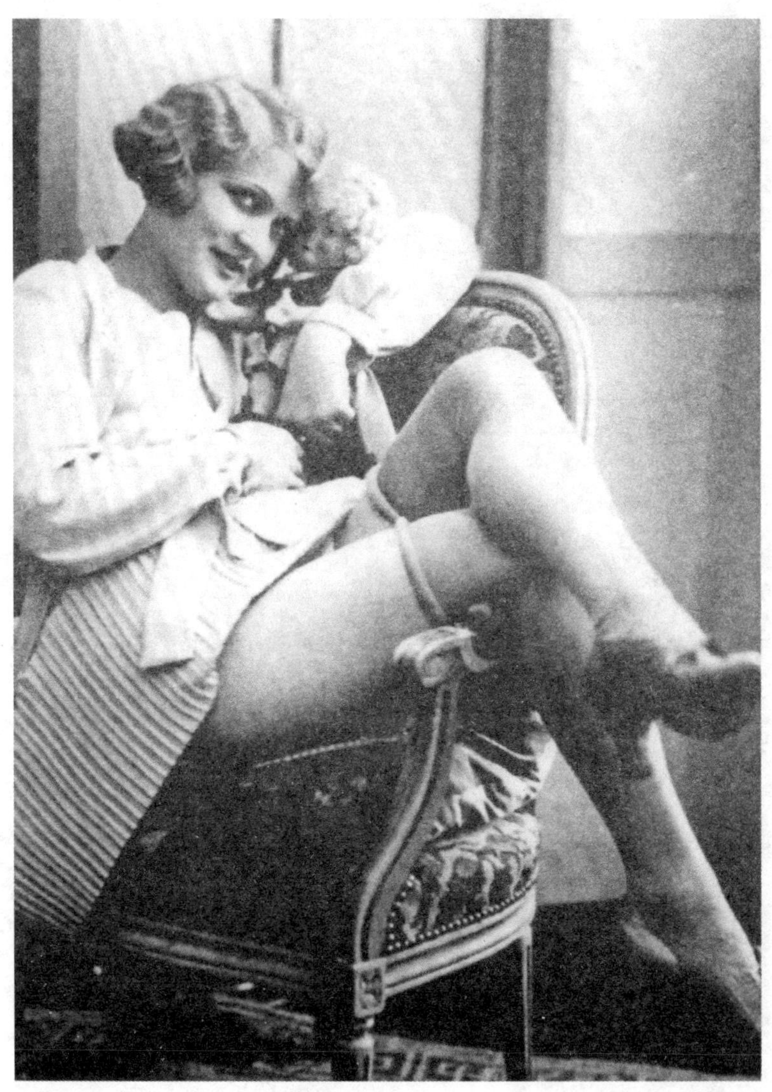

超短百褶裙

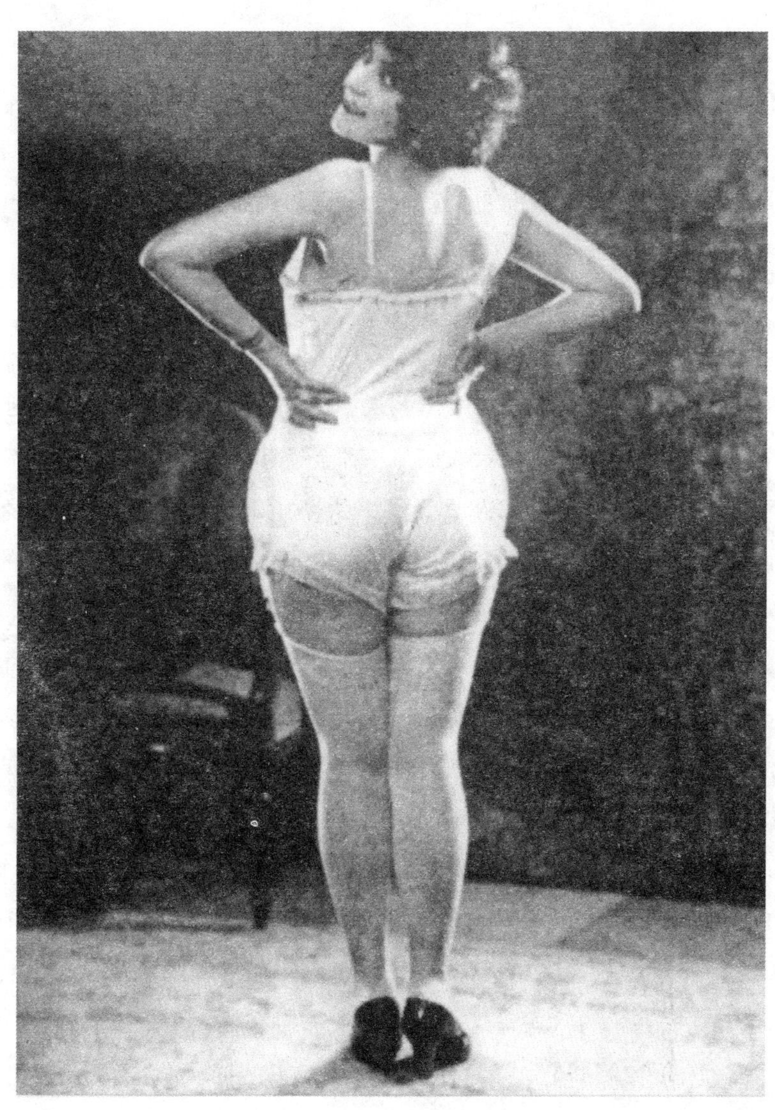

紧身吊带装

了女性的本真之美，更像一幅欧洲文艺复兴时期的人体油画，令人百看不厌。

洋人女性那种与众不同的新潮打扮，为上海女性追求奔放的穿着打扮起到了引领作用，也推动了上海服饰业的发展。

翻毛大衣风靡上海

20世纪二三十年代，上海曾一度流行穿翻毛大衣及长大衣。那个年代里，冬天身穿翻毛大衣成为一种金钱和地位的象征，一些商贾巨富、达官贵人家的贵妇人、姨太太及大小姐走亲访友、参加舞会，都必须要穿上一件漂亮的翻毛大衣，觉得是一种体面、气派、高档的体现。

二三十年代的翻毛大衣非常漂亮大气，款式新、品种多，西式中式应有尽有。翻毛类大衣有长中短不同款式，大衣使用的皮毛也多种多样，有羊毛、骆驼毛、老虎毛、兔毛、貂毛等等。当时翻毛大衣的做工很精细，特别注重色彩搭配，有黑白相间、大红色、紫红色、黑色，而白色和红色的翻毛大衣最受欢迎。有一个30年代在南京路工作的陈姓红帮裁缝大师说，在30年代流行的大衣中，不管是翻毛大衣还是其他棉大衣，都讲究款式要漂亮、大气，而那时的大衣已经从传统的臃肿、宽大的款式改进为收身款。那时有钱人家的女性都讲究体面，喜欢穿价格昂贵的翻毛大衣，这种大衣穿在身上保暖又美观。而那时的大衣款式有的像西式长裙，束腰身，双排扣，大气、漂亮，

保暖又美观

楚楚动人

高贵优雅的大小姐

梁赛珍、梁赛珠、梁赛珊、梁赛瑚四姐妹

旗袍外搭翻毛大衣的周璇

华贵的翻毛大衣

有的如西式晚礼服,造型新颖别致。

一位民国时期曾经在南京路著名照相馆工作的老摄影师曾说,30 年代是上海的摩登时代,那时人们的穿着打扮都非常讲究时髦,一到冬天,那些有钱的女性都身穿各种漂亮的大衣行走在马路上。特别是到了过年时,她们还要穿上崭新的翻毛大衣到照相馆拍照留影,有的人拍个人艺术照,有的人拍母女合影,有的人拍姐妹合影,有的人拍同学合影,等等,忙得照相馆里的摄影师不亦乐乎。

第十章 电影明星弄潮时尚

旗袍展风姿
超短装抛却束缚
西式时装风行一时

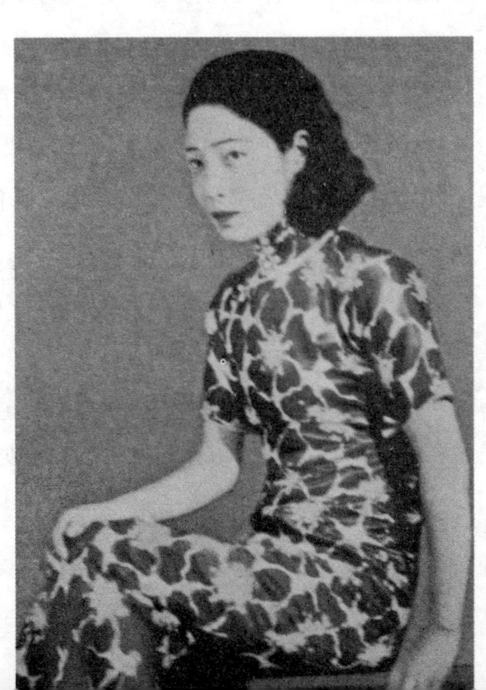

民国时期的女明星，是上海的时尚弄潮儿，她们大胆接受了西方的文化思想，明艳的造型和衣着就像一朵朵盛开的花朵，点缀了上海这座都市，使之更加美丽灿烂。

旗袍展风姿

20 世纪 20 年代末到 30 年代初，女子身穿加入西式晚礼服元素的改良旗袍成了一种时尚潮流。那时的旗袍款式非常多，按领口款式来分，有斜襟高领旗袍、蝴蝶领旗袍、双排扣领旗袍、人字形领旗袍、小 V 字领旗袍、圆领旗袍。而旗袍的门襟也在不断变化，有圆襟、琵琶襟、连环襟、一字襟。旗袍的长度也由长渐短，由长遮鞋到露小腿。开衩也由低开到高开。旗袍样式从长袖到短袖再到无袖，从高领到无领。旗袍色彩从单一到多样化。

这是一张拍摄于 20 年代末的照片，照片中梳着中长波浪发型的美女名叫黄耐霜，是中国早期的女演员。她所穿的这件旗袍是当时的最新款，双排扣领，绲边短袖，印花棉料，收腰。整件旗袍做工精美、款式新颖，把美女黄耐霜美丽婀娜的身材展露无遗。

我见犹怜的黄耐霜

到了30年代中期，女子旗袍款式出现了很大的变化，趋于西式裙，旗袍的下部不再遮鞋，而是露出小腿，旗袍两侧也不再开衩。这是美女电影明星梁赛珍拍摄于30年代中后期的写真艺术照，照片中她所穿的这件旗袍除上部是斜襟领外，腰部紧收似晚礼服式样，下部是斜裙款式，而且特意裁短露出小腿。这是一种典型的连衣裙式的旗袍，款式独特漂亮，配上她头戴长串珍珠发夹，身披拖地长纱，美艳惊人。

当时还流行新式小蝴蝶领旗袍，这种旗袍显得特别优雅与简洁，穿上身显得人干净利落，特别是一些脸型小而气质甜美的女性最适合这样的款式。照片中的这个美女明星名叫袁绍梅，她身上所穿的就是当时流行的小蝴蝶领旗袍。但是仅此一件还不够独特，加上天冷的时候要穿其他衣服来御寒，这就需要有相配套的外装。袁绍梅拍完照后在旗袍外穿了一件大翻领的西式风衣，既露出了旗袍的小蝴蝶领，又能御寒。这样整体配套的穿着合身又时尚，显得人气质高雅，这也是那个年代一种新潮的搭配。

女性冬天穿旗袍的搭配是大有学问的，如果只在旗袍外简单地搭一件衣料厚实的大衣会显得很不匹配。这张照片中的美女明星叫胡萍，曾在上海滩红极一时，由于其特别喜欢红色的服装、鞋包，故人称其为“红色女郎”。照片中的她身穿新款八字形半高领红色旗袍，还在旗袍外搭了一件白色毛披肩，一下子显得富贵华丽了起来。这就是那个年代女明星们穿着旗袍的艺术性。

梁赛珍的旗袍搭配了珍珠和长纱

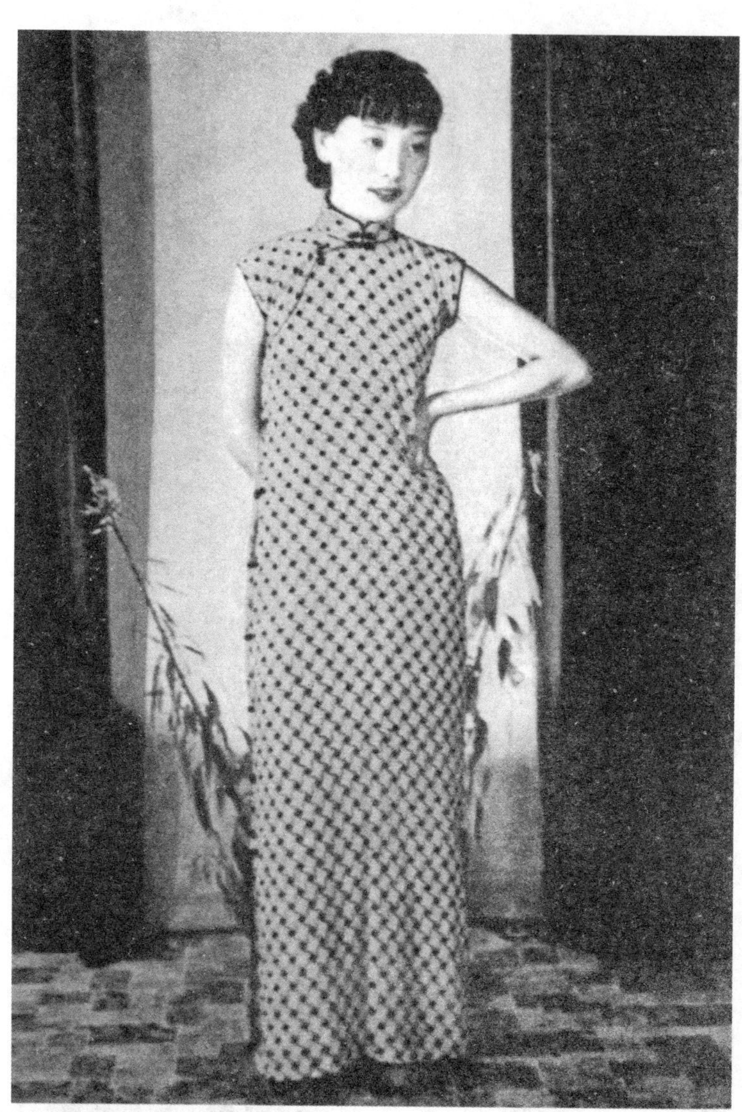

穿小蝴蝶领旗袍的袁绍梅

旗袍外搭披肩的胡萍

婀娜多姿的黄柳霜

典雅清丽的阮玲玉

超短装抛却束缚

在20世纪二三十年代，美女电影明星的穿着打扮不仅时尚，而且浪漫奔放，甚至可以说非常野性。她们敢于大胆地暴露自己的身体与肌肤，穿很短的衣服上台表演和拍照，且敢于把这些照片刊登在报章杂志上，或是做成明信片对外出售，从而名利双收。

最早引领上海女性身穿超短装的还是洋人女性。她们来到上海生活后，一到夏天就在众目睽睽之下身穿超短装或泳装在黄浦江边游泳、划船、晒太阳浴，如入无人之境。俄罗斯舞女在万众瞩目的舞台上旁若无人地身穿着类似三点式的舞衣蹦蹦跳跳，这种狂野奔放的“艳舞”怎么不吸引眼球？上海的女明星也慢慢开始效仿，那时的女明星大多“三栖”，唱歌、跳舞、演戏都会。她们表演歌舞也要同洋人歌舞团一争高下、抢夺市场，也要穿上超短舞服登台亮相，以此博人眼球，争取更多的上座率，获得更高的收入。

随着舞台和银幕上出现女性身穿短衣短衫的频率增加，一些留洋女性也就自然而然地在生活中穿起了短衣短裤，除了有美感外，更让穿衣的人感到轻便、简洁。

照片中的美女名叫白虹，她多才多艺，唱歌、跳舞、表演话剧样样在行，是那个年代大红大紫的明星。照片中她烫了一个中长的中分波浪式发型，上身穿一件小翻领中襟三纽扣露臂上衣，下身穿一条西式短裤，把双臂与大腿的肌肤全部暴露在外。那个年代中国女性所穿的内裤都比白虹外穿的这条西式短裤还要长呢。白虹这种另类的穿着被登在杂志上时,一下子就提高了杂志的发行量。市场证明,穿超短装还是很有吸引力的。

美,使人喜爱;美,使人向往;美,更具有迷人的诱惑力。梁赛瑚与姐姐梁赛珍、梁赛珠、梁赛珊并称“四朵金花”,这四姐妹曾因一起主演电影《四姐妹》而名声大振。照片中的梁赛瑚身穿超短衣裤斜躺在树上,露出双臂、双腿和肚皮。这种姿势显得特别迷人和性感,让人看了着实会怦然心动。

金美虹曾是上海维也纳舞厅里的一位著名舞星,演过《乌鸦与麻雀》等多部电影。她是一个大胆引领时尚的女性。照片中的她身穿一件红色的蝴蝶状抹胸超短裙,摆出奔放优美的舞姿,一腿单立,一腿高翘,一手弯举,一手平展。

在当时还有一位能歌善舞的两栖明星。她的芳名叫王人美,曾主演过《野玫瑰》等不少电影。她在多部影片中都有火辣的表演,于是被外界称为“野性明星”。照片中的王人美烫了长波浪发型,身穿一件黑白相间的无袖连衣直筒超短裙,露着双臂、双腿和玉足,神态悠然地坐在小方桌上,她的穿着打扮和身姿充满了狂野的美感,但又表现得那么的自然,令人百看不厌。

在那个年代,有许许多多美女明星敢于大胆身穿暴露肌肤的超短服装,以此展示自己美丽的身体,引领了时尚潮流,更打破了以往对女性的束缚,大胆解放了女性的思想。

白虹

梁赛瑚

金美虹

王人美

西式时装风行一时

20世纪30年代，西方女性爱穿的各种时尚服装不断被引入上海。而上海作为一个对外口岸，先于其他省市将潮流引入后，加上电影明星的追捧，又快速地传播开来。

赵静霞因主演《一个上海小姐》等30多部电影而声名显赫。照片中的裙子是她在西施公司举办的一届"春季时装展"中所穿的。这是一件黑色连衣裙，是根据西式晚礼服改良而来，腰围与裙摆部位采用白色小花点缀，裙子下部长至小腿，短袖口镶有蝴蝶状的花边。整件连衣裙美丽大气，把美女赵静霞的倩丽模样展示得非常完美。这件时髦的连衣裙通过舞台展示，非常畅销，不少爱美女性购买后专门穿上到照相馆拍照留影。

不同款式的裙子，所展示出的魅力也各不相同。这是一张由30年代沪江照相馆老板姚国荣（当时被称为"南派摄影大师"）拍摄的艺术照。照片中的美女名叫胡珊，是胡蝶的堂妹，她从20年代中后期就开始拍电影，曾主演过《花木兰从军》等几十部电影，也是当时的红星。胡珊特别爱打扮，照片上她所穿的这件抹胸式的连衣裙就很特别。上半部分有两条背带，外部用薄纱缝纫，使美女细嫩的颈部露出，两个短袖采用绣花绢相接，下半部分的裙子上镶着精美的花朵。整件连衣裙既有西洋风味，又有中国传统衣裙的特色，使胡珊显得文静又甜美。这是由当时著名的鸿翔时装公司为她设计定做的。1935 年她就是穿这件连衣裙出席堂姐胡蝶的婚礼，并在当天与胡蝶同去沪江照相馆拍照留念。

欧笑风是 20 年代中期就踏入影坛的女明星，曾因主演电影《断笛余音》而声名鹊起。照片上的欧笑风身穿一件无袖抹胸连衣裙，这件裙子上半部分为黑色，下半部分为白色而且超短，简洁明快。欧笑风身穿这件连衣裙，头戴金花钗，双手拎住裙摆，姿势自然而优雅，显示出一种纯情的活泼感。

在 30 年代的美女电影明星中，有不少人还喜欢穿各种西装类时装，甚至有些人还女扮男装。梅琳曾主演过《无愁君子》等多部电影，在当时很受影迷喜欢。她时常打扮得很另类。照片中的她梳了一个童花式发型，身穿一套格纹大翻领西装，内穿一件紧身小马甲，白色衬衣领外翻，戴着一条黑色领带，西装敞开，双手插袋，一副俊美扮相，神态自如，显得端庄大气。

袁美云曾是一位出色的京剧名伶，演过《西施》等许多部电影，被《良友》杂志评选为“中国十大明星”之一。照片上的袁美云身穿一套格子西装，理了一个男式小分头，脚蹬一双黑色皮鞋，手拿一根拐杖，整个一男子的打扮。袁美云曾在电影《化身姑娘》中女扮男装过，当时她所表现的一招一式都很有男人味。此后电影公司就请她一连拍了多部女扮男装的电影，从而使她一举成名，一些服装公司的老板推出新款西装时，也纷纷争抢请她当模特。久而久之，生活中的袁美云在参加娱乐活动时也总是女扮男装出席。当时不少思想开放的女性也大胆地效仿她，穿起男式时装来，从而形成了一种独特的流行趋势。

20世纪30年代的女明星，是中国女性中最大胆、最有魅力的时尚引领者。

赵静霞

胡珊

欧笑风

梅琳

袁美云